Rüdiger von Hülst · Sven Tischendorf
Der GmbH-Geschäftsführer von A–Z

Rüdiger von Hülst
Sven Tischendorf

Der GmbH-Geschäftsführer von A–Z

**Alle wichtigen Rechtsfragen
praxisnah aufbereitet
– mit Tips für die Vertragsgestaltung**

Die Deutsche Bibliothek - CIP-Einheitsaufnahme

Hülst, Rüdiger von:
Der GmbH-Geschäftsführer von A - Z : alle wichtigen Rechtsfragen
praxisnah aufbereitet - mit Tips für die Vertragsgestaltung / Rüdiger
von Hülst/Sven Tischendorf. - 1. Aufl. - Würzburg : Lexika-Verl.,
Krick Fachmedien, 1999
    ISBN 3-89694-256-5

Das Werk und seine Teile sind urheberrechtlich geschützt.
Jede Verwertung in anderen als den gesetzlich zugelassenen Fällen bedarf deshalb
der vorherigen schriftlichen Einwilligung des Verlages.

Lexika Verlag erscheint bei Krick Fachmedien GmbH + Co., Würzburg

© 1999 Krick Fachmedien GmbH + Co., Würzburg
Druck: Schleunungdruck, Marktheidenfeld
Printed in Germany
ISBN 3-89694-256-5

Vorwort

In Deutschland gibt es ca. 700.000 Gesellschaften mit beschränkter Haftung („GmbH"). Diese GmbHs haben jeweils mindestens einen Geschäftsführer. Der Geschäftsführer wird bestellt, um „die Geschäfte der GmbH zu führen", d.h. er soll und will kaufmännisch tätig sein. Dabei sind die Begleitumstände bei Antritt der Geschäftsführerposition aus Sicht der Gesellschafter und des Geschäftsführers in der Regel günstig. Das gegenseitige Verhältnis ist gut, die GmbH befindet sich in (vermeintlich) gesicherten finanziellen Verhältnissen, Haftungsrisiken bestehen (vermeintlich) nicht. Insbesondere aus diesen Gründen interessieren sich Gesellschafter und Geschäftsführer bei Dienstantritt nur in den seltensten Fällen für die rechtlichen Begleitumstände, welche die Position des Geschäftsführers mit sich bringt. Sollte eine der Parteien dennoch auf eigene Faust den Versuch der Einarbeitung wagen, wird sie sehr schnell feststellen, daß hierzu zum einen ein fundiertes juristisches Wissen erforderlich ist und zum anderen juristische Fallstricke nahezu überall lauern.

Das beiderseitige Interesse an den juristischen Begleitumständen der Position des Geschäftsführers wird leider sehr häufig erst dann geweckt oder vertieft, wenn entweder das gegenseitige Verhältnis zerrüttet und eine Trennung im Raum steht, die GmbH in Vermögensverfall gerät, das Finanzamt Leistungen der GmbH an den Geschäftsführer nicht anerkennt, geschädigte Dritte den Geschäftsführer persönlich in die Haftung nehmen und/oder ein Strafverfahren droht. Häufig ist es dann jedoch für einen gesicherten „Rückzug" zu spät. Gesellschafter und Geschäftsführer stehen vor einem Scherbenhaufen, der häufig in einer Prozeßlawine – teilweise gegeneinander, teilweise gegen den Insolvenzverwalter, teilweise gegen sonstige Dritte – endet und die persönliche und berufliche Existenz, einschließlich die der Angehörigen gefährdet, möglicherweise auch vernichtet.

Wir, die Autoren, sind beide Rechtsanwälte und Partner von Wessing & Berenberg-Gossler, einer der bedeutenden deutschen Wirtschaftskanzleien *(http://www.wessing.com)* und arbeiten schwerpunktmäßig für Unternehmen aller Größenordnungen und Branchen sowie deren Gesellschafter und Führungen an der Schnittstelle zwischen dem Gesellschafts-, Arbeits- und Steuerrecht – eben denjenigen Rechtsgebieten, die das rechtliche Umfeld des GmbH-Geschäftsführers bilden.

Ziel dieses Buches ist es – aufbauend auf einer Vielzahl praxisrelevanter Situationen und deren Ergebnisse – Gesellschaftern und Geschäftsführern einer GmbH einen leicht verständlichen Leitfaden an die Hand zu geben, mit dem sie die wichtigsten Rechtsfragen der Geschäftsführerposition selbst klären können, der Tips für die Gestaltung des Geschäftsführervertrages vermittelt und durch den sie im übrigen das notwendige Problembewußtsein für rechtliche Risiken der Geschäftsführerposition erwerben.

Besonderer Dank gebührt unseren Assessoren/Referendaren Oliver Schöpp und Christian Stuhlmann für die tatkräftige Mithilfe bei der Erstellung dieses Werkes.

Frankfurt am Main, Berlin, im September 1999,
Sven Tischendorf, Rüdiger von Hülst

Abkürzungsverzeichnis

AktG	Aktiengesetz
AO	Abgabenordnung
ArbGG	Arbeitsgerichtsgesetz
ArbNErfG	Arbeitnehmererfindungsgesetz
BAG	Bundesarbeitsgericht
BetrAVG	Gesetz zur Verbesserung der betrieblichen Altersversorgung
BetrVG	Betriebsverfassungsgesetz
BFH	Bundesfinanzhof
BGB	Bürgerliches Gesetzbuch
BGH	Bundesgerichtshof
BGHZ	Bundesgerichtshof in Zivilsachen
BSG	Bundessozialgericht
BUrlG	Bundesurlaubsgesetz
EStG	Einkommensteuergesetz
FGG	Gesetz über die Angelegenheiten der freiwilligen Gerichtsbarkeit
gem.	gemäß
GG	Grundgesetz
GmbHG	GmbH-Gesetz
GmbHR	GmbH-Rundschau
grds.	grundsätzlich
GrEStG	Grunderwerbssteuergesetz
GWB	Gesetz gegen Wettbewerbsbeschränkungen
h.M.	herrschende Meinung
HGB	Handelsgesetzbuch
i.L.	in Liquidation
i.S.d.	im Sinnes des
i.V.m.	in Verbindung mit
InsO	Insolvenzordnung
KSchG	Kündigungsschutzgesetz
KStG	Körperschaftsteuergesetz
LG	Landgericht
LStDV	Lohnsteuerdurchführungsverordnung
MitBestErG	Mitbestimmungsergänzungsgesetz
MitBestG	Mitbestimmungsgesetz
MontanMitBestG	Montan-Mitbestimmungsgesetz
OLG	Oberlandesgericht

p.a.	per anno/pro Jahr
RabtVO	Rabattverordnung
SGB	Sozialgesetzbuch
StGB	Strafgesetzbuch
StPO	Strafprozeßordnung
u.U.	unter Umständen
UmwG	Umwandlungsgesetz
UStG	Umsatzsteuergesetz
UWG	Gesetz gegen den Unlauteren Wettbewerb
vGA	verdeckte Gewinnausschüttung
ZPO	Zivilprozeßordnung
ZugabVO	Zugabenverordnung

A

Abberufung des Geschäftsführers

1. Überblick

Der Geschäftsführer kann jederzeit ohne das Vorliegen oder die Angabe von Gründen von seinem Amt abberufen werden *(§ 38 I GmbHG)*. Die Abberufung hat keine unmittelbaren Auswirkungen auf den Bestand des Anstellungsvertrages, außer wenn gleichzeitig die außerordentliche Kündigung dieses Vertrages erklärt wird und dieser aus wichtigem Grund fristlos kündbar ist.

2. Einzelfragen

- **Zuständigkeit:** Für die Abberufung ist das Organ zuständig, welches den Geschäftsführer bestellt hat. Üblicherweise ist dies die Gesellschafterversammlung, wenn nicht in der Satzung einem anderen Organ (Aufsichtsrat, Beirat) diese Kompetenz zugewiesen ist. Nur bei mitbestimmten GmbHs besteht eine gesetzliche Zuständigkeit des Aufsichtsrats.

- **Beschränkung auf wichtigen Grund:** In der Satzung kann gemäß § 38 II GmbHG die Abberufung auf das Vorliegen eines wichtigen Grundes beschränkt werden. Ein solcher ist nach § 38 II S. 2 GmbHG grobe Pflichtverletzung, Unfähigkeit zur ordnungsgemäßen Geschäftsführung und/oder Unzumutbarkeit für die Gesellschafter. Bei einer Abberufung aus wichtigem Grund muß der entsprechende Gesellschafterbeschluß eine angemessene Zeit nach Kenntniserlangung der maßgeblichen Umstände gefaßt werden.

- **Anhörung:** Eine Anhörung des Geschäftsführers vor der Abberufung ist nicht erforderlich. Ist der Geschäftsführer zugleich Gesellschafter, so steht ihm jedoch ein Rederecht in der Gesellschafterversammlung zu.

- **Wirksamkeit:** Die Abberufung des Geschäftsführers wird – ungeachtet der Rechtmäßigkeit des Abberufungsbeschlusses – wirksam, wenn der Geschäftsführer von der entsprechenden mehrheitlichen Gesellschafterbeschlußfassung Kenntnis erlangt. Ist er bei der Gesellschafterbeschlußfassung abwesend, so wird die Abberufung wirksam, wenn der Gesellschafterbeschluß ihm zugegangen ist. Nur bei hälftig beteiligten Geschäftsführern hat die Abberufung eines Geschäftsführers keine sofortige Wirkung, sondern erst dann, wenn das Zivilgericht hierüber rechtskräftig entschieden hat.

- **Folgen:** Mit der wirksamen Abberufung verliert der Geschäftsführer sein Amt und damit seine Geschäftsführungs- und Vertretungsbefugnis. Der Geschäftsführer hat, wenn nach der Abberufung sein Anstellungsvertrag weiter besteht, eine leitende Aufgabe – auch unterhalb der Geschäftsführungsebene – wahrzunehmen, wenn er eine fristlose Kündigung des Anstellungsvertrages vermeiden will *(Urteil des OLG Karlsruhe, GmbHR 96, 208).*

- **Anmeldung zum Handelsregister:** Gemäß § 39 I GmbHG ist die Abberufung des Geschäftsführers unverzüglich zum Handelsregister anzumelden. Die Eintragung in das Handelsregister hat aber nur deklaratorische Bedeutung, d.h. solange der Geschäftsführer noch im Handelsregister eingetragen ist, können sich gutgläubige Dritte bei Handlungen und Erklärungen des Geschäftsführers auf dessen (noch) eingetragene Geschäftsführerstellung und somit eine wirksame Verpflichtung der GmbH berufen *(§ 15 I HGB).*

- **Bezüge:** Wird der Anstellungsvertrag nicht gleichzeitig mit der Abberufung wirksam gekündigt, so hat der Geschäftsführer weiterhin Anspruch auf seine gesamten vertraglichen Leistungen.

- **Rechtsschutz:** Für Streitigkeiten über die Abberufung sind die Zivilgerichte zuständig. Der praktisch bedeutsame einstweilige Rechtsschutz gegen eine (unwirksame) Abberufung wird überwiegend nur dem Mehrheits-Gesellschafter-Geschäftsführer nach erfolgter Gesellschafterbeschlußfassung zugebilligt. Bei Fremd- und Minderheits-Gesellschafter-Geschäftsführern ist einstweiliger Rechtsschutz erst nach Gesellschafterbeschlußfassung und nur in Ausnahmefällen hinsichtlich der Frage des wichtigen Grundes möglich.

3. Tips und Beispiele

Der Geschäftsführer kann sich gegen seine Abberufung schützen, indem er im Anstellungsvertrag vereinbart, daß eine Abberufung nur aus wichtigem Grund erfolgen darf. Gesellschafter-Geschäftsführer haben ferner die Möglichkeit, ihre Bestellung zum Geschäftsführer in der Satzung zu vereinbaren. Ihre Abberufung bedarf dann eines satzungsändernden Gesellschafterbeschlusses, der nur mit einer Mehrheit von 75% der Stimmen gefaßt werden kann.

Es empfiehlt sich, den Anstellungsvertrag so zu gestalten, daß die Abberufung aus der Geschäftsführerstellung und die Kündigung des Anstellungsvertrages verbunden sind, so daß ein wichtiger Grund zur Abberufung zugleich als Grund zur Kündigung des Anstellungsverhältnisses führt.

Abfindungen

1. Überblick
Bei Beendigung des Anstellungsvertrags hat der Geschäftsführer keinen gesetzlichen Anspruch auf eine Abfindung. Eine Abfindung bedarf einer vertraglichen Vereinbarung. Diese kann entweder – von vornherein – im Anstellungsvertrag erfolgen oder – nachträglich – im Rahmen eines Aufhebungsvertrages oder eines Vergleichs. Einen Sonderfall bildet die sog. Aufsteigerrechtsprechung des Bundesarbeitsgerichts (→ *Aufsteigerrechtsprechung*).

2. Einzelfragen
- **Steuerliche Aspekte:** Abfindungen sind bis zu einem Betrag von DM 16.000 steuerfrei. Hat der Geschäftsführer das 50. Lebensjahr vollendet und bestand das Anstellungsverhältnis mindestens 15 Jahre, so erhöht sich der Freibetrag auf DM 20.000. Bei einer Vollendung des 55. Lebensjahres und einem Bestand des Anstellungsverhältnisses von mindestens 20 Jahren erhöht sich der Freibetrag auf DM 24.000 *(§ 3 Nr. 9 EStG)*.
Diese Neuregelung der Abfindungsfreibeträge umfaßt nur noch 2/3 der bisher geltenden Freibeträge. Die die Freibeträge übersteigenden Abfindungsteile unterliegen nicht mehr dem halben Steuersatz, sondern die für diese Abfindungsteile anzusetzende Einkommensteuer beträgt das Fünffache des Unterschiedsbetrags zwischen der Einkommensteuer für das um die Abfindung verminderte zu versteuernde Einkommen und der Einkommensteuer für das verbleibende zu versteuernde Einkommen zuzüglich eines Fünftels der Abfindung.
Die Vorgängerregelung gilt noch für im Jahre 1998 vereinbarte Abfindungen, die bis zum 31.03.1999 ausgezahlt wurden oder für im Jahre 1998 gerichtlich ausgesprochene Abfindungszahlungen.

- **Sozialversicherung:** Abfindungen sind kein Arbeitsentgelt im Sinne der Sozialversicherung und damit nicht sozialversicherungsabgabenpflichtig *(Urteil des BSG vom 21.02.1990 – 122 RK 20/88)*.

- **vGA:** Bei Abfindungen zugunsten von Gesellschafter-Geschäftsführern besteht die Gefahr einer verdeckten Gewinnausschüttung *(→ Verdeckte Gewinnausschüttung).*
Die Finanzverwaltung prüft Abfindungen auf ihre Angemessenheit. Dies gilt sowohl für die tatsächliche Auszahlung, als auch für die Höhe der Abfindung. Maßgebend ist, ob auch ein fremder Dritter vergleichbare Konditionen erhalten hätte. Als Richtwert für eine angemessene Abfindung gilt ein Monatsgehalt inklusive Tantieme und sonstigen Leistungen für jedes Jahr der Geschäftsführung.

3. Tips und Beispiele

 Der Geschäftsführer sollte zu seiner Absicherung versuchen, im Anstellungsvertrag eine Abfindungsregelung zu vereinbaren.

Beispiel: „Für den Fall einer Kündigung des Anstellungsvertrages durch die Gesellschaft – wenn diese nicht aus wichtigem Grund erfolgt – erhält der Geschäftsführer eine wie folgt gestaffelte Abfindung für den Verlust seines Arbeitsplatzes: Bei Beendigung des Anstellungsverhältnisses nach mehr als 12 Monaten DM 100.000,00, bei Beendigung nach mehr als 24 Monaten DM 75.000,00, bei Beendigung nach mehr als 36 Monaten DM 50,000,00."

Altersversorgung, betriebliche

1. Überblick

Ein GmbH-Geschäftsführer sollte schon bei Abschluß des Geschäftsführervertrages den Umstand bedenken, daß seine Erwerbstätigkeit irgendwann einmal endet. Es gibt verschiedene Möglichkeiten diese Altersversorgung zu planen. Eine davon ist die Vereinbarung einer betrieblichen Versorgungszusage für ein gewisses Alter und Berufsunfähigkeit.
Ca. 70% aller Geschäftsführer haben eine betriebliche Altersversorgung. Das Recht der betrieblichen Altersversorgung ist im BetrAVG geregelt. Die vormaligen Wege der Pensions- oder Unterstützungskasse haben weitgehend ausgedient. Üblich ist die Direktlebensversicherung oder die Pensionszusage.

2. Einzelfragen

- **Direktlebensversicherung:** Bei einer Direktlebensversicherung schließt die Gesellschaft für den Geschäftsführer eine Lebensversicherung ab, bei der sie die Versicherungsbeiträge zahlt und entweder der Geschäftsführer oder seine Hinterbliebenen Begünstigte der Versicherungssumme sind. Die Versicherungsprämien sind beim Geschäftsführer lohnsteuerpflichtiger Arbeitslohn, wobei bis zu einem Versicherungsbeitrag von DM 3.408 p.a. die Steuer pauschal 20% beträgt. Für die Gesellschaft sind die Versicherungsbeiträge Betriebsausgaben *(§ 4b EStG)*.

- **Pensionszusage:** Bei einer Pensionszusage verpflichtet sich die Gesellschaft selbst, dem Geschäftsführer zu einem späteren Zeitpunkt eine Rente zu zahlen. Der Geschäftsführer muß die Rente nicht schon bei Rentenzusage, sondern erst bei Rentenbezug versteuern; mangels nennenswerter anderer Einkünfte im Rentenalter ergibt sich daraus üblicherweise gegenüber der Direktlebensversicherung für den Geschäftsführer ein Steuervorteil aufgrund niedrigerer Progression. Die Gesellschaft kann für ihre Rentenverpflichtungen für Geschäftsführer, die älter als 30 Jahre sind, in der Bilanz Rückstellungen ausweisen. Diese Rückstellungen mindern rechnerisch den körperschaftlichen Gewinn und den Gewerbeertrag, ohne daß die Gesellschaft effektiv Zahlungen leisten muß. Dadurch kann sich die Gesellschaft ohne Liquiditätsabfluß für gute Geschäftsführer interessant machen. Regelmäßig werden die Gesellschaften zur Sicherung ihrer Pensionszusagen verschiedene Versicherungen abschließen. Der Abschluß solcher Versicherungen hat steuerlich keine bedeutenden Auswirkungen, denn die Prämien mindern zwar den Gewinn, allerdings ist aber auch der Rückkaufswert zu aktivieren, womit sich der steuerliche Vorteil wiederum mindert.

Üblich sind Pensionszusagen entweder auf einen bestimmten Rentenbetrag (feste Rente) oder auf einen Rentenbetrag, der einem bestimmten Prozentsatz (normalerweise zwischen 30% und 50%) der letzten Bezüge entspricht (variable Rente).

Zur Vermeidung einer vGA *(→ Verdeckte Gewinnausschüttung)* muß die Pensionszusage an Gesellschafter-Geschäftsführer angemessen sein. Insbesondere muß sie in einem angemessenen Verhältnis zu den Gesamtbezügen stehen. Dies ist der Fall, wenn die fiktiv zu zahlenden Beiträge an eine Lebensversicherung, die die Pension anstelle der Gesellschaft übernommen hätte, und die jährliche Dotierung der Pensionszusage annähernd gleich sind (sog. fiktive Jahresnettoprämie). Ferner muß die Pensionszusage während des Anstellungsverhältnisses noch „erdient" werden können. Bei beherrschenden Gesellschafter-Geschäftsführern darf die Pensionszusage nicht erst nach der Vollendung des 60. Lebensjahrs gegeben werden und es muß ein Zeitraum von mindestens zehn Jahren zwischen der Pensionszusage und dem Zeitpunkt des angestrebten Ruhestands liegen. *(Urteil des BGH GmbHR 1995, 388, 533, 908; 1996, 65).*

14 Altersversorgung, betriebliche

- **Unverfallbarkeit:** Ist eine betriebliche Altersversorgung bei Beendigung des Anstellungsverhältnisses noch nicht unverfallbar, erlischt sie ersatzlos. Betriebliche Altersversorgungen werden gesetzlich unverfallbar, wenn der Geschäftsführer mindestens 35 Jahre alt ist und entweder die betriebliche Altersversorgung mindestens zehn Jahre bestanden hat oder der Beginn der Betriebszugehörigkeit mindestens zwölf Jahre zurück liegt und die betriebliche Altersversorgung mindestens drei Jahre bestanden hat.

- **Insolvenzsicherung:** Betriebliche Altersversorgungen sind beim Pensionssicherungsverein (PSV) in Köln gegen eine mögliche künftige Insolvenz der Gesellschaft versichert, wenn die Gesellschaft regelmäßig ihre Versicherungsbeiträge geleistet hat. Dieser besondere Schutz gilt allerdings nur für Fremdgeschäftsführer und nicht beherrschende Gesellschafter-Geschäftsführer. Beherrschende Gesellschafter-Geschäftsführer werden meist dadurch abgesichert, daß die GmbH eine der Pensionszusage entsprechende Rückdeckungsversicherung abschließt und die Ansprüche daran an den beherrschenden Gesellschafter-Geschäftsführer verpfändet.

- **Pensionsalter:** Der Berechnung der Pensionsrückstellung für den Gesellschafter-Geschäftsführer ist die vertraglich vorgesehene Altersgrenze, mindestens aber das Alter von 65 Jahren zugrunde zu legen. Eine niedrigere Altersgrenze wird steuerlich nur bei besonderen Umständen anerkannt.

- **Wirksamkeit:** Soll dem Geschäftsführer eine Pensionszusage gemacht werden, bedarf es zu seiner Wirksamkeit eines Gesellschafterbeschlusses.

- **Abfindung:** Eine gesetzlich unverfallbare betriebliche Altersversorgung kann nur in Ausnahmefällen abgefunden werden *(§ 3 I BetrAVG)*. Wird eine solche betriebliche Altersversorgung dennoch abgefunden, besteht die Gefahr, daß die Gesellschaft im Versorgungsfall die betriebliche Altersversorgung ein weiteres Mal leisten muß.

3. Tips und Beispiele

Der Geschäftsführer sollte versuchen, im Anstellungsvertrag eine kürzere als die gesetzliche Unverfallbarkeit zu vereinbaren.

Beispiele: „Die betriebliche Altersversorgung ist [(sofort) oder (nach einer Betriebszugehörigkeit von fünf Jahren)] unverfallbar."

Pensionszusagen sollten besser abhängig vom letzten Festgehalt gewährt werden. Damit erhält man eine Dynamisierung.

Will eine neugegründete GmbH ihrem Gesellschafter-Geschäftsführer eine Pensionszusage erteilen, ist es ratsam, eine Rückdeckungsversicherung abzuschließen, um Bedenken hinsichtlich des damit verbundenen Ertragsrisikos und damit der Gefahr der verdeckten Gewinnausschüttung zu begegnen.

Eine Pensionszusage zugunsten eines beherrschenden Gesellschafter-Geschäftsführers ist steuerlich nur dann anzuerkennen, wenn sie eindeutig und klar vereinbart wurde. Anderenfalls liegt eine verdeckte Gewinnausschüttung vor. Ferner ist darauf zu achten, daß die Pensionszusage, damit sie steuerlich anerkannt wird, angemessen ist. Für die Angemessenheit der Pensionszusage ist der jährliche Betrag ausschlaggebend, den die Gesellschaft einer Versicherung als Prämie hätte zahlen müssen, wenn diese die Pensionsverpflichtung gegenüber dem Geschäftsführer übernommen hätte.

Amtsniederlegung

1. Überblick
Der Geschäftsführer kann sein Amt jederzeit mit sofortiger Wirkung niederlegen. Insbesondere bedarf es hierfür keines wichtigen Grundes, es sei denn die Satzung verlangt dies.

2. Einzelfragen
- **Rechtsmißbrauch:** Die Amtsniederlegung darf nicht rechtsmißbräuchlich sein oder zur Unzeit erfolgen. Obwohl die Amtsniederlegung dennoch wirksam ist, könnten der Gesellschaft in diesem Fall Schadensersatzansprüche gegen den Geschäftsführer zustehen.

- **Wichtige Gründe zur Amtsniederlegung:**
  Wichtige Gründe für den Geschäftsführer können sein:
  – Verletzung des Anstellungsvertrages durch die Gesellschaft
  – Kündigung des Anstellungsvertrages durch die Gesellschaft

- Weisungen der Gesellschaft, bei deren Befolgung der Geschäftsführer sich haftbar oder schadensersatzpflichtig machen würde
- Unzureichende Unterstützung seitens der Gesellschafter bei der Erledigung öffentlich-rechtlicher Pflichten
- Auflösung oder Insolvenz der Gesellschaft

Kein wichtiger Grund besteht hingegen bei einer wirtschaftlichen Krise der Gesellschaft.

- **Form der Bekanntmachung:** Die Amtsniederlegung muß gegenüber dem Bestellorgan (grds. Gesellschafterversammlung) durch einseitige, schriftliche oder mündliche Erklärung bekanntgegeben werden *(Urteil des BGH NJW 1993, 1198)*, wobei aus beweisrechtlichen Gründen die Schriftform ratsam ist.

- **Eintragung in das Handelsregister:** Der sein Amt niederlegende Geschäftsführer kann diesen Umstand selber zur Eintragung in das Handelsregister anmelden, wenn dies in einem unmittelbar zeitlichen Zusammenhang mit der Amtsniederlegung geschieht. Ein solcher Zusammenhang ist gewahrt, wenn mit dem Eingang der Anmeldung oder der Eintragung in das Handelsregister das Amt niedergelegt sein soll *(Urteil des OLG Frankfurt NJW-RR 1994, 105)*. Besteht kein unmittelbar zeitlicher Zusammenhang, so muß die Amtsniederlegung durch einen anderen vertretungsbefugten Geschäftsführer oder einen neuen Geschäftsführer zur Eintragung in das Handelsregister angemeldet werden. Im Zweifelsfall ist ein Notgeschäftsführer zu bestellen *(→ Notgeschäftsführer)*.

- **Auswirkungen auf das Anstellungsverhältnis:** Die Organstellung des Geschäftsführers endet mit sofortiger Wirkung, während das Anstellungsverhältnis durch die Amtsniederlegung nicht berührt wird *(Urteil des BGH NJW 1978, 1435; OLG Düsseldorf, GmbHR 1989, 469)*. Nur wenn ein wichtiger Grund vorliegt, kann der Geschäftsführer das Anstellungsverhältnis gleichzeitig fristlos kündigen *(§ 626 BGB)*.

Eine unberechtigte Amtsniederlegung des Geschäftsführers kann ihrerseits der Gesellschaft ein Recht zur fristlosen Kündigung des Anstellungsvertrages geben.

- **Schadensersatzansprüche:** Hatte der Geschäftsführer keinen wichtigen Grund zur Amtsniederlegung, können der Gesellschaft Schadensersatzansprüche gegen ihn aus der Verletzung des Anstellungsvertrages zustehen, da zu den dienstvertraglichen Pflichten des Geschäftsführers auch die ordnungsgemäße Ausübung seiner

Organstellung gehört. Ein solcher Anspruch kommt insbesondere in Betracht, wenn bei einer Amtsniederlegung die GmbH ohne den Geschäftsführer handlungsunfähig wird und ihr keine angemessene Zeit zur Neubestellung eines Geschäftsführers verbleibt *(Urteil des OLG Koblenz GmbHR 1995, 730).*

3. Tips und Beispiele

Die Amtsniederlegung ist auch für den Fall der einvernehmlichen Beendigung des Anstellungsverhältnisses/des Geschäftsführeramtes geeignet. Im Gegensatz zur Abberufung kann der Geschäftsführer dadurch nach außen hin dokumentieren, daß er die Gesellschaft aus freien Stücken verlassen hat. Dies ist für die Abfassung des Zeugnisses relevant.

Anfechtung von Gesellschafterbeschlüssen

1. Überblick

Der Geschäftsführer ist verpflichtet, Anweisungen der Gesellschafter Folge zu leisten. Anweisungen erfolgen durch Gesellschafterbeschluß. Die Frage, ob ein Gesellschafterbeschluß fehlerhaft ist, hat daher nicht nur für die Gesellschafter, sondern auch für den Geschäftsführer hohe Bedeutung. Gesellschafterbeschlüsse können sowohl aufgrund der Verletzung von Formalien, als auch aufgrund inhaltlicher Mängel fehlerhaft sein. Nur besonders schwere Fehler haben die Nichtigkeit eines Gesellschafterbeschlusses und damit dessen sofortige Unwirksamkeit zur Folge. Überwiegend begründen fehlerhafte Gesellschafterbeschlüsse nur ein Anfechtungsrecht des betroffenen Gesellschafters; anfechtbare Gesellschafterbeschlüsse bleiben bis zu ihrer erfolgreichen Anfechtung trotz Fehlerhaftigkeit rechtlich wirksam.

2. Einzelfragen

- **Nichtigkeit:** Nichtig ist der Gesellschafterbeschluß, wenn er gegen zwingendes Recht oder die guten Sitten verstößt. Das ist insbesondere der Fall, wenn der Gesellschafterbeschluß durch seinen Inhalt Vorschriften verletzt, die dem Schutz der Gläubiger der Gesellschaft oder dem Schutz öffentlichen Interesses dienen. Formell kann ein Gesellschafterbeschluß nichtig sein, wenn besonders schwerwiegende Mängel bei dessen Zustandekommen aufgetreten sind, z.B. einzelne Gesellschafter nicht geladen wurden.

- **Anfechtbarkeit:** Anfechtbar ist der Gesellschafterbeschluß immer dann, wenn er unter Verletzung gesetzlicher oder satzungsmäßiger Vorschriften zustande kommt und diese Verletzung nicht die Nichtigkeit zur Folge hat *(§ 243 I AktG analog).*

18 Anfechtung von Gesellschafterbeschlüssen

Anfechtbarkeit besteht z.B. bei Nichteinhaltung der Ladungsfrist oder Unvollständigkeit der Tagesordnung. Kann die Gesellschaft eindeutig nachweisen, daß der Gesellschafterbeschluß auch ohne das Vorliegen des Mangels gleichermaßen gefaßt worden wäre, fehlt es dagegen an der für eine erfolgreiche Anfechtung notwendigen Kausalität.

- **Anfechtungsfrist:** Für die Anfechtung von Gesellschafterbeschlüssen gilt nicht automatisch die Monatsfrist aus § 246 I AktG. Für die Bemessung der Frist ist der Einzelfall maßgeblich. Die Frist aus § 246 I AktG gibt lediglich einen Anhaltspunkt und gilt als angemessen, wenn im konkreten Fall keine besonderen Umstände vorliegen. Zur Vermeidung von Streitigkeiten über die Anfechtungsfrist sollte diese in der Satzung geregelt werden.

- **Anfechtungsbefugnis:** Jeder Gesellschafter ist anfechtungsbefugt, soweit er sich hierdurch nicht treuwidrig verhält. Ein Gesellschafter verhält sich z.b. treuwidrig, wenn er anficht, obwohl er im Sinne des ergangenen Beschlusses abgestimmt hat oder zu erkennen gegeben hat, daß er mit dem Gesellschafterbeschluß einverstanden ist. Veräußert der Gesellschafter seinen Anteil vor Klageerhebung, so steht fortan nur dem Erwerber das Recht zur Anfechtung zu. Bei einer Veräußerung der Anteile nach Klageerhebung ist der klagende Gesellschafter weiterhin klagebefugt, soweit er ein Rechtsschutzinteresse geltend machen kann *(BGHZ 43, 261)*. Wenn die Satzung keine abweichende Regelung enthält, ist der Geschäftsführer nicht anfechtungsbefugt.

- **Klagegegner:** Klagegegner ist die Gesellschaft, die durch ihren Geschäftsführer im Prozeß vertreten wird. Hat die Gesellschaft keinen Geschäftsführer, so ist ein Notgeschäftsführer nach § 29 BGB oder § 57 ZPO vom Gericht zu bestellen *(→ Notgeschäftsführer)*.
  Der Geschäftsführer hat die übrigen Gesellschafter von der Klageeinreichung zu informieren.

- **Urteilswirkung:** Hat die Anfechtungs- oder Nichtigkeitsklage Erfolg, so wird der Gesellschafterbeschluß rückwirkend für unwirksam erklärt. Das entsprechende rechtskräftige Urteil wirkt für und gegen alle. Die aufgrund des unwirksamen Beschlusses vorgenommenen Rechtshandlungen bleiben hingegen regelmäßig wirksam, so daß Dritte trotz der Unwirksamkeit des Beschlusses geschützt sind.

3. Tips und Beispiele

> Hat der Geschäftsführer Zweifel an der Rechtmäßigkeit eines Gesellschafterbeschlusses, sollte er vor dessen Ausführung eine außerordentliche Gesellschafterversammlung einberufen und diese erneut unter Hinweis auf die bestehenden Zweifel beschließen lassen. Andernfalls besteht die Gefahr, daß er sich schadensersatzpflichtig macht.

Anmeldung der GmbH

1. Überblick
Der Geschäftsführer muß die GmbH persönlich beim Handelsregister anmelden *(§ 78 GmbHG)*. Das zuständige Register befindet sich beim Amtsgericht im Bezirk des Sitzes der Gesellschaft *(§ 7 I GmbHG)*. Die Anmeldung ist bis zur Eintragung der Gesellschaft frei widerruflich.

2. Einzelfragen
- **Form:** Eine Anmeldung der Gesellschaft zum Handelsregister erfolgt durch alle Geschäftsführer und ist stets in notariell beglaubigter Form vorzunehmen *(§ 12 HGB)*. Hierzu ist die Anmeldung von sämtlichen Geschäftsführern zu unterschreiben und die Unterschriften sind notariell beurkunden zu lassen.

- **Beizufügende Unterlagen:** Gemäß § 8 I GmbHG müssen der Anmeldung folgende Unterlagen beigefügt werden:
  - der Gesellschaftsvertrag in einer Ausfertigung oder in einer beglaubigten Abschrift *(§ 8 I Nr. 1 GmbHG)*
  - die Vollmachten der Gründer in Urschrift (beurkundet und beglaubigt) oder in beglaubigter Abschrift *(§ 8 I Nr. 1 GmbHG)*
  - die Legitimationen der Geschäftsführer, soweit diese nicht durch Gesellschaftsvertrag bestellt sind *(§ 8 I Nr. 1 GmbHG)*
  - die Liste der Gesellschafter *(§ 8 I Nr. 3 GmbHG)*
  - der Sachgründungsbericht *(§ 8 I Nr. 4 GmbHG)*
  - der Wertnachweis bei Sacheinlagen *(§ 8 I Nr. 5 GmbHG)*
  - ggf. eine staatliche Genehmigungsurkunde bei erlaubnispflichtigem Unternehmensgegenstand *(§ 8 I Nr. 6 GmbHG)*

- **Stammkapital:** Die Gesellschaft darf erst eingetragen werden, wenn die Mindestleistungen auf die Stammeinlagen erbracht worden sind *(§ 7 II GmbHG)*. Hiernach ist bei Bareinlagen die Einzahlung eines Viertels auf jede Stammeinlage erforderlich. Sind Sacheinlagen vereinbart, so müssen diese vollständig geleistet sein *(§ 7 III GmbHG)*. Die Einlagen müssen endgültig zur freien Verfügung der Geschäftsführung stehen. Dies ist bei Sacheinlagen der Fall, wenn eine Abtretung, Übereignung oder sonstige Übereignung von Sachen und Rechten auf die Gesellschaft stattgefunden hat. Der Gesamtbetrag der geleisteten Sach- und/oder Bareinlagen muß, unabhängig vom Stammkapital, mindestens 12.500,00 Euro betragen.

- **Versicherungen des Geschäftsführers:** Der Geschäftsführer muß in der Handelsregisteranmeldung versichern, daß die Mindestleistung auf das Stammkapital erbracht wurde und diese endgültig zu seiner freien Verfügung steht *(§ 8 II 1 GmbHG)*.
Handelt es sich um eine Ein-Mann-GmbH, so darf eine Eintragung erst erfolgen, wenn der Gründer neben den aufgeführten Stammkapitalleistungen die Versicherung abgibt, daß hinsichtlich des übrigen Teils des Stammkapitals eine Sicherung bestellt wurde *(§ 8 II 2 GmbHG)*.
Weiterhin muß jeder Geschäftsführer versichern, daß gegen ihn keine persönlichen Ausschlußgründe nach § 6 II und III GmbHG vorliegen *(§ 8 III GmbHG)* *(→ Ausschluß von der Geschäftsführung)*.

- **Unterschriften und Vertretungsbefugnis:** Der Geschäftsführer hat seine Unterschrift beim Handelsregister zu hinterlegen *(§ 8 V GmbHG)* und die Art der Vertretungsbefugnis darzulegen *(§ 8 IV GmbHG)*.

- **Folgen inhaltlicher Mängel:** Das Registergericht hat bei der Errichtung und Anmeldung der GmbH die formellen und materiellen Fragen einer gesetzeskonformen Gründung zu prüfen und bei Mängeln die Eintragung abzulehnen *(§ 9c I GmbHG)*. Gegen den Zurückweisungsbeschluß des Registergerichts kann die unbefristete Beschwerde als Rechtsmittel eingelegt werden *(§ 19 FGG)*. Inhaltliche Mängel begründen ein Eintragungshindernis. Wurde die Gesellschaft trotz Mangels eingetragen, so besteht sie gleichwohl wirksam, wenn der Mangel nicht schwerwiegend ist (ein schwerwiegender Mangel würde z.B. bei der Anmeldung der Gesellschaft durch eine unbefugte Person vorliegen).

- **Gründungshaftung:** → *Haftung der Gesellschafter*

3. Tips und Beispiele

Zumeist wird die Mindestleistung in bar auf das Konto der Gesellschaft überwiesen. Ein häufiger Fehler liegt darin, daß der Geschäftsführer darauf vertraut, daß der auf den Überweisungsträgern vermerkte Betrag die Mindestleistung ist. Dies muß jedoch nicht so sein. Zum einen muß der auf dem Überweisungsträger vermerkte Betrag nicht notwendigerweise überhaupt auf eine Schuld eines Gesellschafters gezahlt worden sein. Ferner kann ein Gesellschafter mit der Überweisung auch andere Zwecke verfolgen wollen, als die Erbringung der Mindesteinlage, z.b. die Rückzahlung eines ihm von der Gesellschaft gewährten Darlehens oder die Zahlung des Kaufpreises für von der Gesellschaft erworbene Sachen. Die Versicherung des Geschäftsführers, die Mindestleistung sei erbracht, ist dann falsch; der Geschäftsführer unterläge der besonderen Haftung nach § 9 a GmbHG (→ *Haftung des Geschäftsführers*).

Die Versendung der Handelsregisteranmeldung darf erst dann erfolgen, wenn auf den Überweisungsträgern oder auf sonstige Weise klar gestellt ist, daß Zweck der Überweisung die Erfüllung der Mindesteinlage des/der jeweiligen Gesellschafter(s) ist.

Anstellungsvertrag

1. Überblick
Der Anstellungsvertrag wird zwischen der Gesellschaft und dem Geschäftsführer geschlossen. Es handelt sich hierbei um einen Dienstvertrag über die Besorgung eines fremden Geschäfts *(§§ 611 ff, 675 BGB)*. Der Anstellungsvertrag ist kein Arbeitsvertrag, der Geschäftsführer unterliegt daher auch nicht den Arbeitnehmerschutzrechten.

2. Einzelfragen
- **Zuständigkeit:** Ergibt sich aus der Satzung nichts anderweitiges, so ist grundsätzlich die Gesellschafterversammlung für den Abschluß, die Änderung und die Aufhebung des Anstellungsvertrages zuständig *(sog. Annex- oder Abschlußkompetenz)*.

- **Form:** Der Anstellungsvertrag bedarf nicht der Schriftform. Dennoch ist die Wahl der Schriftform aus beweis- und steuerrechtlichen Gründen ratsam.

- **Mängel:** Stellt sich im Nachhinein die Unwirksamkeit des Anstellungsvertrages wegen eines Formfehlers heraus, obwohl der Vertrag durchgeführt wurde, so gelten die Regeln über das faktische Arbeitsverhältnis analog. Der Geschäftsführer hat demnach Anspruch auf seine Vergütung während der Dauer der Anstellung. Mit der einseitigen Erklärung einer der beteiligten Parteien endet das faktische Arbeitsverhältnis. Beruht der Mangel bei einem Gesellschafter-Geschäftsführer jedoch auf einem Verstoß gegen das Selbstkontrahierungsverbot, so sind die geleisteten Zahlungen an den Geschäftsführer grundsätzlich als verdeckte Gewinnausschüttung anzusehen *(Urteil des BFH GmbHR 1996, 60).*

- **Inhalt:** Im Anstellungsvertrag sollten mindestens die Aufgaben und Kompetenzen des Geschäftsführers, die Dauer und Kündigungsmöglichkeiten sowie die Vergütung geregelt sein. Auch Regelungen über Urlaub, Entgeltfortzahlung im Krankheitsfall, Altersversorgung und Wettbewerb sollten bedacht werden. Ist die Gesellschaft Teil einer Gruppe, sollte der Geschäftsführer vom Selbstkontrahierungsverbot des § 181 BGB befreit sein. Bei der Ein-Mann-GmbH ist diese Formalie notwendige Voraussetzung für die wirksame Vornahme von Geschäften zwischen dem Geschäftsführer und der Gesellschaft.

- **Beendigung, Befristung:** Eine Beendigung des Anstellungsvertrages kann durch Aufhebungsvertrag, Zeitablauf, Kündigung, Tod des Geschäftsführers oder Eintritt einer auflösenden Bedingung eintreten. Kommt es zu einer Beendigung des Geschäftsführeramtes durch Amtsniederlegung oder Abberufung, hat dies nicht gleichzeitig die Beendigung des Anstellungsvertrages zur Folge, da dieser separat gekündigt werden muß. Eine Befristung des Anstellungsvertrages auf höchstens fünf Jahre ist kraft Gesetz für Geschäftsführer solcher Gesellschaften vorgeschrieben, für die § 31 MitBestG, § 12 MontanMitBestG oder § 13 MitBestErG gelten *(→ Aufsichtsrat).*

- **Gerichtliche Geltendmachung:** Für Rechte aus dem Anstellungsvertrag sind die Zivilgerichte zuständig *(§ 5 I ArbGG),* wenn nicht die Zuständigkeit der Arbeitsgerichte ausdrücklich vertraglich vereinbart wurde *(§ 2 IV ArbGG).* Bei einem Streitwert unter DM 10.001,00 bedeutet dies eine Zuständigkeit des Amtsgerichts am Sitz der GmbH. Es werden jedoch regelmäßig die Landgerichte zuständig sein, da der Streitwert meist höher ist. So beträgt der Streitwert bei der Frage über das Bestehen eines Dienstverhältnisses mindestens das Dreifache eines Bruttomonatsgehalts.

3. Tips und Beispiele

War der Geschäftsführer vorher Arbeitnehmer der Gesellschaft, sollte er im Anstellungsvertrag vereinbaren, daß für die Zeit der Bestellung zum Geschäftsführer das alte Arbeitsverhältnis ruhend aufrecht erhalten bleibt. Für den Fall der Abberufung fällt der Geschäftsführer dann wieder in sein vormaliges Arbeitsverhältnis zurück und unterliegt sämtlichen Arbeitnehmerschutzrechten, insbesondere dem Kündigungsschutz.

Aufhebungsvertrag
→ *Beendigung des Geschäftsführerverhältnisses*

Auflösung der GmbH

1. Überblick
Soll die GmbH aufgelöst werden, bedeutet das nicht gleichzeitig ihr Erlöschen. Die GmbH i.L. (GmbH in Liquidation) besteht solange weiter wie verteilbares Vermögen vorhanden ist. Die GmbH erlischt erst endgültig mit der Vermögensverteilung und Eintragung im Handelsregister. Bis zu diesem Zeitpunkt bleibt die GmbH als Gesellschaft bestehen, allerdings ist sie nicht mehr werbend tätig.

2. Einzelfragen
- **Auflösungsgründe** *(§ 60 GmbHG)*: Zur Liquidation der GmbH kommt es insbesondere dann, wenn die Gesellschaft in die Insolvenz gerät. Der Antrag auf Eröffnung des → *Insolvenzverfahrens* ist vom Geschäftsführer zu stellen, wenn die Gesellschaft zahlungsunfähig oder überschuldet ist *(§ 64 Abs. I GmbHG)*. Zahlungsunfähigkeit gem. § 17 II InsO liegt vor, wenn die Gesellschaft die fälligen Zahlungsverpflichtungen nicht mehr erfüllen kann oder wenn sie ihre Zahlungen eingestellt hat. Überschuldung gem. InsO liegt vor, wenn das Vermögen der Gesellschaft die bestehenden Verbindlichkeiten nicht mehr deckt.
Neu ist nach der InsO, im Gegensatz zur alten Konkursordnung, daß als Eröffnungsgrund auch die drohende Zahlungsunfähigkeit gem. § 18 InsO ausreichend ist. Drohende Zahlungsunfähigkeit besteht, wenn die Gesellschaft voraussichtlich nicht in der Lage sein wird, die bestehenden Zahlungsverpflichtungen im Zeitpunkt der Fälligkeit zu erfüllen. Eine Verpflichtung zu einem Antrag wegen drohender Zahlungsunfähigkeit ergibt sich für den Geschäftsführer aus § 64 Abs. I GmbHG nicht.

- **Antragsberechtigt** ist in diesen Fällen die GmbH und – mit Ausnahme der drohenden Überschuldung – jeder Gläubiger *(§ 13 InsO)*. Für die GmbH ist jeder Geschäftsführer zur Stellung des Antrages berechtigt und verpflichtet. Das gilt auch dann, wenn mehrere Geschäftsführer die GmbH leiten und die Geschäftsführer nach dem Gesellschaftsvertrag nur gemeinschaftliche Vertretungsmacht besitzen *(→ Vertretung der GmbH)*. Stellt lediglich ein Geschäftsführer den Antrag, so ist dieser dennoch wirksam. Die Rücknahme des Antrages ist nur solange zulässig, bis der Eröffnungsbeschluß wirksam ist.

Zur Rücknahme des Antrages ist grundsätzlich nur der Antragsteller berechtigt. Haben mehrere Personen den Antrag gestellt, kann der Antrag nur gemeinsam zurückgenommen werden. Probleme ergeben sich, wenn bei mehreren Antragsberechtigten nur einer den Insolvenzsantrag gestellt hat. Nach h.M. sind in einem solchen Fall lediglich der Antragsteller oder alle Antragsberechtigten gemeinsam berechtigt, den Insolvenzsantrag zurückzunehmen.

- **Folgen des Insolvenzantrages**: Entspricht das zuständige Gericht dem Insolvenzantrag, tritt der Insolvenzverwalter weitestgehend an die Stelle der Geschäftsführer. Die Verwaltungs- und Verfügungsbefugnis der Insolvenzmasse geht auf den Insolvenzverwalter über (§ 80 InsO).
Der Verwalter nimmt die Masse in Besitz, sichtet und verwaltet die Bestände (§ 148 InsO) und entscheidet über Fortsetzung oder Beendigung schwebender Prozesse (§§ 85 ff. InsO) und Verträge (§§ 103 ff InsO).
Die Auflösung der Gesellschaft bei Insolvenz braucht nicht zum Handelsregister gem. § 65 GmbHG angemeldet werden, vielmehr erfolgt diese von Amts wegen durch das Insolvenzgericht.

- **Weitere Auflösungsgründe**: Es kommen die weiteren in § 60 I GmbHG genannten Auflösungsgründe in Betracht (z.B. Zeitablauf, durch Gesellschafterbeschluß, durch gerichtliches Urteil, durch Löschung wegen Vermögenslosigkeit nach § 141a FGG. Darüber hinaus kann der Gesellschaftsvertrag Auflösungsgründe vorsehen (§ 60 II GmbHG). Außergesetzliche Auflösungsgründe können beispielsweise sein:
  – Tod eines Gesellschafters,
  – Eröffnung der Insolvenz über das Vermögen eines Gesellschafters,
  – das Erlöschen eines Patents oder einer gewerblichen Erlaubnis
  Allgemein muß der Auflösungsgrund nur hinreichend bestimmt sein.

- **Durchführung der Liquidation in den übrigen Fällen**: Tritt die GmbH nicht infolge Insolvenz in das Liquidationsstadium ein, wird die Liquidation durch Liquidatoren durchgeführt. Hierbei ist zwischen den sogenannten „geborenen" und „gekorenen" Liquidatoren zu unterscheiden:
  – Die Geschäftsführer sind die „geborenen" Liquidatoren. Mit Beginn der Auflösung der GmbH werden die Geschäftsführer automatisch zu deren Abwicklern (§ 66 GmbHG). Ob ein Geschäftsführer tatsächlich als Liquidator verpflichtet werden kann, richtet sich nach seinem Anstellungsvertrag und ist im Zweifel zu bejahen. Der Geschäftsführer kann sich seiner Aufgabe als Liquidator auch nicht dadurch entziehen, daß er seinen Anstellungsvertrag aus wich-

tigem Grunde kündigt, denn der Auflösungsfall stellt keinen Grund für eine Kündigung aus wichtigem Grunde dar. Legt der Geschäftsführer dennoch sein Amt nieder, kann er nicht zur Übernahme der Tätigkeit gezwungen werden. Er macht sich aber eventuell schadensersatzpflichtig.
- Es ist nicht zwingend, daß die Liquidatoren Geschäftsführer der GmbH sind. Zulässig ist es ebenfalls, wenn Gesellschafter oder Dritte die Aufgabe des Liquidators übernehmen: sogenannte „gekorene" Liquidatoren. Erforderlich ist lediglich, daß eine entsprechende Regelung im Gesellschaftsvertrag besteht oder ein wirksamer Gesellschafterbeschluß vorliegt. Die Person des Liquidators muß sich entweder durch den Gesellschaftsvertrag oder entsprechend durch den Gesellschafterbeschluß bestimmen lassen. Wird dem Bestimmtheitserfordernis nicht ausreichend Rechnung getragen, werden wiederum die Geschäftsführer automatisch gem. § 66 I GmbHG zu den Liquidatoren.

Die Liquidatoren sind die gesetzlichen Vertreter der GmbH i.L. Sie vertreten die Gesellschaft gemeinschaftlich, es sei denn, der Gesellschaftsvertrag sieht etwas Abweichendes vor. Insofern ergeben sich hinsichtlich der Vertretungsverhältnisses keine Abweichungen zu denen bei einer werbenden GmbH (→ *Vertretung der GmbH)*. Überschreitet ein Liquidator seine ihm zustehenden Befugnisse, hat das grundsätzlich keine Auswirkungen auf Verträge mit Dritten, es sei denn der Dritte hatte Kenntnis, daß der Liquidator seine Befugnisse überschreitet. Unabhängig davon macht sich der Liquidator gegenüber den anderen Gesellschaftern schadensersatzpflichtig. Die Liquidatoren müssen im Rahmen ihrer Tätigkeit das Gesetz, die Satzung und vorliegende Gesellschafterbeschlüsse beachten. Die zu erfüllenden Aufgaben ergeben sich aus § 70 GmbHG: Danach müssen die Liquidatoren die laufenden Geschäfte beenden, die Verpflichtungen der aufgelösten Gesellschaft erfüllen, die Forderungen derselben einziehen und das Vermögen der Gesellschaft in Geld umsetzen. Ferner vertreten sie die Gesellschaft gerichtlich und außergerichtlich. Darüber hinaus können zur Beendigung schwebender Geschäfte auch neue Geschäfte eingegangen werden.

Die Liquidatoren müssen zum Handelsregister angemeldet werden *(§ 67 GmbHG)*. Die ersten Liquidatoren sowie ihre Vertretungsbefugnisse sind durch die Geschäftsführer, jeder Wechsel der Liquidatoren und jede Änderung ihrer Vertretungsbefugnis sind durch die Liquidatoren zur Eintragung ins Handelsregister anzumelden.

→ *Liquidation der Gesellschaft*

Auflösungsklage

1. Übersicht
Ist die Erreichung des gesellschaftlichen Zwecks unmöglich geworden oder liegen wichtige Gründe für eine Auflösung vor, so kann die Gesellschaft durch gerichtliches Urteil aufgelöst werden *(§ 61 I GmbHG)*.

2. Einzelfragen
- **Geltendmachung:** Klageberechtigt sind der oder die Gesellschafter mit einem Anteil von mindestens 10% am Stammkapital. Beklagte ist die Gesellschaft, vertreten durch ihren Geschäftsführer. Zuständig ist das Landgericht (Kammer für Handelssachen) im Bezirk des Gesellschaftssitzes.

- **Wichtiger Grund:** Der wichtige Grund muß in den Verhältnissen der Gesellschaft liegen und muß unter Berücksichtigung aller Umstände betrachtet werden. Nur wenn kein milderes Mittel in Betracht kommt, kann die Gesellschaft aufgelöst werden. Neben der Unmöglichkeit der Zweckerreichung kommt u.U. das tiefgreifende Zerwürfnis unter den Gesellschaftern als „wichtiger Grund" in Betracht. Durch ein entsprechendes rechtskräftiges Urteil des Gerichts gilt die Gesellschaft als aufgelöst und ist zu liquidieren.

Aufsichtsrat

1. Überblick
Der Aufsichtsrat überwacht und berät die Geschäftsführung. Während die Gesellschafterversammlung und der Geschäftsführer zwingende Organe der Gesellschaft sind, steht die Bildung eines Aufsichtsrats im Ermessen der Gesellschafter (sog. fakultativer Aufsichtsrat). Im Ausnahmefall ist zum Zweck der Arbeitnehmermitbestimmung auch bei GmbHs ein Aufsichtsrat gesetzlich vorgeschrieben (sog. obligatorischer Aufsichtsrat).

2. Einzelfragen
- **Obligatorischer Aufsichtsrat:** Eine GmbH hat zwingend einen Aufsichtsrat, wenn sie mehr als 500 Arbeitnehmer beschäftigt *(§§ 77 BetrVG 1952, 1 I MitBestG 1976)*. Zwischen 500 und 2.000 Arbeitnehmern besteht der Aufsichtsrat zu einem Drittel aus Arbeitnehmervertretern (sog. drittelparitätische Mitbestimmung), ab über 2.000 Arbeitnehmern zur Hälfte (sog. paritätische Mitbestimmung). Einen Sonderfall bildet die Montanmitbestimmung, die einen paritäti-

schen Aufsichtsrat schon ab mehr als 1.000 Arbeitnehmern vorschreibt. Bei der paritätischen Mitbestimmung hat der Vorsitzende des Aufsichtsrats doppeltes Stimmrecht. Außer bei der Montanmitbestimmung wird der Vorsitzende des Aufsichtsrats von der Kapitalseite gewählt; damit ist letztlich die Entscheidungsgewalt der Gesellschafter gesichert.

- **Fakultativer Aufsichtsrat:** Bei GmbHs mit einer geringeren Arbeitnehmerzahl als 500 kann die Satzung Regelungen über die Bildung eines fakultativen Aufsichtsrats, über dessen Zuständigkeiten sowie die Bestellung seiner Mitglieder und deren Abberufung enthalten.

- **Größe und Amtsdauer:** Beim fakultativen Aufsichtsrat ist weder die Größe noch die Amtsdauer der Mitglieder gesetzlich geregelt, so daß dieser auch aus einer Person bestehen kann. Enthält die Satzung keine Regelung über die Anzahl der Mitglieder, so gilt in Anlehnung an § 95 1 AktG, daß der Aufsichtsrat aus drei Mitgliedern bestehen sollte. Beim obligatorischen Aufsichtsrat bestimmt das MitBestG oder das BetrVG 1977 die Anzahl der Mitglieder. Die Amtszeit der einzelnen Aufsichtsratsmitglieder ergibt sich aus der entsprechenden Anwendung des § 102 I AktG. Hiernach kann ein Mitglied nicht für längere Zeit als bis zur Beendigung der Gesellschafterversammlung bestellt werden, die über die Entlastung für das vierte Geschäftsjahr nach dem Beginn der Amtszeit beschließt. Das Geschäftsjahr, in dem die Amtszeit beginnt, wird hierbei nicht mitgerechnet.

- **Anforderung an die Person:** Für das Amt des Aufsichtsratsmitglieds kommen nur natürliche Personen in Betracht, die voll geschäftsfähig sind (*§ 100 I AktG analog*). Ausgeschlossen als Mitglieder sind die Geschäftsführer, stellvertretende Geschäftsführer, Prokuristen, Generalbevollmächtigte sowie gesetzliche Vertreter der von der Gesellschaft abhängigen Unternehmen.

- **Bestellung und Beendigung:** Die Bestellung zum Mitglied des Aufsichtsrats erfolgt durch Gesellschafterbeschluß und bedarf der Annahme des bestellten Mitglieds. Das Amt des Aufsichtsratsmitglieds endet durch Abberufung oder Amtsniederlegung. Die Bestellung und ein Wechsel von Aufsichtsratsmitgliedern ist vom Geschäftsführer unverzüglich im Bundesanzeiger und den Gesellschaftsblättern bekanntzugeben und die Bekanntmachung zum Handelsregister einzureichen.

- **Rechte und Pflichten:** Die Rechte und Pflichten des Aufsichtsrats ergeben sich aus § 52 GmbHG i.V.m. § 111 ff AktG, wenn die Satzung keine weitergehenden Regelungen enthält.

Nach § 111 AktG hat der Aufsichtsrat die Pflicht zur Überwachung der Geschäftsführung. Hierzu steht ihm ein Auskunfts- und Einsichtsrecht zu.
→ *Auskunfts- und Einsichtsrecht*
Der Aufsichtsrat muß eine Gesellschafterversammlung einberufen, wenn das Wohl der Gesellschaft es erfordert.
Ein einfacher Mehrheitsbeschluß ist hierfür ausreichend. Maßnahmen der Geschäftsführung können dem Aufsichtsrat nicht übertragen werden, jedoch kann in der Satzung oder vom Aufsichtsrat bestimmt werden, daß bestimmte Arten von Geschäften nur mit seiner Zustimmung vorgenommen werden dürfen. Verweigert der Aufsichtsrat hierbei seine Zustimmung, so kann die Geschäftsführung verlangen, daß die Gesellschafterversammlung über die Zustimmung beschließt. Eine solche Zustimmung bedarf zwingend einer Mehrheit von drei Viertel der abgegebenen Stimmen.
Dem Aufsichtsrat obliegt die Prüfung des aufgestellten Jahresabschlusses und Anhang *(§ 171 AktG analog).*
Die Bestellung und Abberufung des Geschäftsführers kann durch die Satzung auf den Aufsichtsrat übertragen werden.
Ist in der Satzung keine Regelung getroffen, so vertritt der Aufsichtsrat die Gesellschaft gerichtlich und außergerichtlich bei Prozessen gegen die Geschäftsführung. Auch gegenüber dem ausgeschiedenen Geschäftsführer gilt dies, wenn die Gefahr einer nicht unbefangenen Vertretung durch die übrigen Geschäftsführer besteht *(Urteil des BGH ZIP 89, 497).*

- **Organisatorisches:** Der Vorsitzende beruft den Aufsichtsrat mindestens einmal im Kalenderhalbjahr ein *(§ 52 I GmbHG i.V.m. § 110 III AktG).*
Die Einberufung muß ferner auch auf Verlangen eines einzelnen Aufsichtsratsmitglieds oder des Geschäftsführers unter Angabe der Gründe und des Zwecks erfolgen *(§ 110 I 1 AktG);* beim fakultativen Aufsichtsrat kann die Satzung eine hiervon abweichende Regelung enthalten.
Die Einberufung ist den Mitgliedern zusammen mit einer Tagesordnung eine angemessene Zeit vor der Sitzung zuzustellen. Die Tagesordnung wird vom Vorsitzenden bestimmt, wobei dieser auf Wünsche einzelner Mitglieder einzugehen hat.
Die Wahl des Vorsitzenden und eines Stellvertreters erfolgt durch den Aufsichtsrat selbst.
Eine Vergütung der Aufsichtsratsmitglieder kann durch Satzung oder Gesellschafterbeschluß festgelegt werden *(§ 113 AktG analog).*

- **Beschlußfassung:** Entscheidungen des Aufsichtsrats bedürfen der einfachen Mehrheit der anwesenden Mitglieder *(§ 108 III AktG analog).* Bei einer Stimmgleichheit ist der Antrag abgelehnt, wenn nicht dem Vorsitzenden ein Recht zum Stichentscheid im Gesellschaftsvertrag zugesprochen wurde.

- **Schadensersatzansprüche:** Verletzt ein Mitglied des Aufsichtsrats seine Pflichten und entsteht der Gesellschaft hierdurch ein Schaden, so steht dieser ein Schadensersatzanspruch gegen das Aufsichtsratsmitglied nach den §§ 116 i.V.m. 93 I AktG analog zu. Ist streitig, ob das Aufsichtsratsmitglied die Sorgfalt eines ordentlichen und gewissenhaften Kaufmanns angewandt hat, so trägt das Mitglied hierfür die Beweislast (§ 93 II AktG). Die Verjährungsfrist für den Schadensersatzanspruch beträgt zwingend fünf Jahre. Die Gesellschafterversammlung kann den Aufsichtsratsmitgliedern Entlastung erteilen (→ *Entlastung*).

Aufsteigerrechtsprechung

Geschäftsführer, die vor ihrer Bestellung bereits Arbeitnehmer der Gesellschaft waren, fallen nach der sog. Aufsteigerrechtsprechung des Bundesarbeitsgerichts *(vgl. Urteil vom 07. Oktober 1993 – 2 AZR 260/93 – DB 1994, Seite 428, 429; BAG EzA § 5 ArbGG 1979 Nr. 2; BAG 24, 383)* wieder in den Status des Arbeitnehmers zurück, wenn sie von ihrem Amt abberufen werden.
Der Vorteil der Aufsteigerrechtsprechung für den Geschäftsführer ist, daß mit dem Rückfall in den Arbeitnehmerstatus seine alten Arbeitnehmerrechte, insbesondere der Kündigungsschutz, wieder aufleben. Die Aufsteigerrechtsprechung findet jedoch in drei praktisch besonders bedeutsamen Konstellationen keine Anwendung:
- Zum einen dann, wenn der Geschäftsführer mit der Gesellschaft die Aufhebung seines vormaligen Arbeitsverhältnisses ausdrücklich vereinbart hat.
- Ferner dann, wenn das vormalige Arbeitsverhältnis der Erprobung für eine seinerzeit schon vorgesehene Geschäftsführertätigkeit dienen sollte.
- Weiterhin dann, wenn dem Geschäftsführer anläßlich seiner Bestellung ein Risikoausgleich für den Verlust der Arbeitnehmerschutzrechte gewährt worden war; ein solcher Risikoausgleich kann z.B. in erhöhtem Gehalt, einer betrieblichen Altersversorgung oder auch in verlängerten Kündigungsfristen liegen.

Ausfallhaftung
→ *Haftung der Gesellschafter*

Auskunfts- und Einsichtsrecht

1. Überblick

Die Gesellschafter einer GmbH haben gem. §§ 51a, 51b GmbHG ein Recht auf Auskunft über die Gesellschaftsangelegenheiten und Einsichtnahme in die Bücher der Gesellschaft. Das Auskunfts- und Einsichtsrecht steht jedem Gesellschafter zu, der zum Zeitpunkt der Entscheidung über dieses Recht Gesellschafter ist. Das Recht kann durch die Satzung nicht ausgeschlossen werden *(§ 51a III GmbHG)*. Allerdings besteht die Möglichkeit, das Verfahren durch Satzung näher zu regeln.

2. Einzelfragen

- **Gegenstand:** Gegenstand des Auskunftsrechts sind die Angelegenheiten der Gesellschaft. Hierzu gehören alle Tatsachen und Daten, die für die Gewinnermittlung und -verwendung wesentlich sind, wozu zumindest Buchhaltungsunterlagen, Anstellungsverträge und Verhältnisse mit verbundenen Unternehmen gehören *(Urteil des BGH WM 1988, 1447)*.

- **Unverzüglichkeit:** Die Auskunft ist unverzüglich, d.h. ohne schuldhaftes Zögern vom Geschäftsführer zu erteilen *(§ 51a I GmbHG)*. Wann eine schuldhafte Verzögerung vorliegt, hängt von verschiedenen Faktoren ab, wie z.B. dem Umfang und der Schwierigkeit der zu besorgenden Auskunft, der anderweitigen Belastung des Geschäftsführers und der Dringlichkeit der Auskunftserteilung für den Gesellschafter.

- **Form:** Es besteht kein Anspruch auf schriftliche Auskunftserteilung. Eine solche kann demnach auch mündlich erteilt werden. Das Einsichtsrecht besteht nur in den Geschäftsräumen der Gesellschaft. Eine Pflicht der Gesellschaft, Kopien von Unterlagen zu fertigen und dem ersuchenden Gesellschafter zukommen zu lassen, besteht nicht. Der Gesellschafter ist aber berechtigt, sich aus den Unterlagen Kopien zu fertigen, für deren Kosten er selbst aufkommt.

- **Kosten:** Die entstandenen Kosten der Auskunfts- und Einsichtnahme trägt die Gesellschaft.

- **Verweigerungsrecht:** Der Geschäftsführer darf die Auskunft verweigern, wenn zu befürchten ist, daß der Gesellschafter die Auskünfte für gesellschaftsfremde Zwecke gebraucht und dadurch die Gesellschaft oder ein mit ihr verbundenes Unternehmen einen erheblichen Nachteil erleiden würde *(§ 51a II 3 GmbHG)*. „Gesellschaftsfremd" ist der Zweck auf jeden Fall, wenn die Daten zur Verwendung in einem Konkurrenzunternehmen benutzt werden.

„Nachteil" im Sinne des § 51a GmbHG bedeutet jede Beeinträchtigung von Gesellschaftsinteressen und kann auch in einer Rufschädigung zu sehen sein.
Für die Verweigerung des Auskunfts- und Einsichtsrechts bedarf es eines Beschlusses der Gesellschafter (§ 51a II 2 GmbHG), bei dem derjenige Gesellschafter, der die Auskunft verlangt, kein Stimmrecht hat.
Verweigert der Geschäftsführer nachhaltig und unberechtigt die Informationserteilung, kann dies einen wichtigen Grund für eine fristlose Kündigung des Anstellungsvertrages darstellen.

- **Gerichtliche Geltendmachung:** Verweigert der Geschäftsführer die Auskunft, so kann der Gesellschafter den Informationsanspruch gegen die Gesellschaft im gerichtlichen Verfahren durchsetzen *(§ 51b GmbHG i.V.m. § 132 I bis V AktG).* Ein Anspruch auf einstweiligen Rechtsschutz besteht nicht. Antragsgegner für eine gerichtliche Geltendmachung ist die Gesellschaft, vertreten durch den Geschäftsführer. Die ausschließliche Zuständigkeit für das Gerichtsverfahren liegt beim Landgericht am Sitz der Gesellschaft. Da im Verfahren der freiwilligen Gerichtsbarkeit entschieden wird, hat das Gericht den Sachverhalt von Amts wegen zu erforschen. Kommt das Gericht trotz seiner Nachforschungen nicht zu einem Ergebnis über den Bestand eines Auskunfts- oder Einsichtsrechts, so geht dies zu Lasten der Gesellschaft. Diese hat demnach Auskunft zu erteilen oder Einsicht zu gewähren. Verliert der Gesellschafter während des Verfahrens seine Gesellschafterstellung, so erlischt auch sein Auskunftsrecht.

- **Schadensersatzansprüche:** Entsteht der Gesellschaft entweder durch die vom Geschäftsführer erklärte unberechtigte Verweigerung oder Erteilung der Auskunft ein Schaden und war die Erklärung nicht durch einen Gesellschafterbeschluß gedeckt, so hat der Geschäftsführer der Gesellschaft den ihr entstandenen Schaden zu ersetzen *(§ 43 GmbHG).* Der Gesellschafter haftet gegenüber der Gesellschaft, wenn er die erlangten Informationen gesellschaftsschädigend verwendet und hierdurch der Gesellschaft einen Schaden zufügt. Der Geschäftsführer haftet dem Gesellschafter nicht unmittelbar, da sich der Informationsanspruch nur gegen die Gesellschaft richtet.

Ausscheiden eines Gesellschafters

1. Überblick
Scheidet ein Gesellschafter aus der Gesellschaft aus, so ist dies als die Beendigung der Anteilseignerschaft des Gesellschafters unter Fortführung der Gesellschaft zu verstehen. Zu den Ausscheidungsgründen gehören u.a.:

- die Anteilsabtretung,
- die freiwillige und zwangsweise Einziehung der Anteile,
- die Kündigung,
- das Abandon (= Preisgaberecht von Gesellschaftsrechten),
- die Kaduzierung (= Verfallserklärung hinsichtlich geleisteter Einlagen eines Gesellschafters, der mit seiner satzungsmäßigen Einzahlung im Verzug ist) und
- das Ausscheiden durch Ausschluß.

2. Einzelfragen

- **Anteilsabtretung:** Ein Gesellschafter kann seinen Anteil veräußern und vererben. Überträgt einer der Gesellschafter seinen Anteil, so geht dieser mit allen mitgliedschaftlichen Rechten und Pflichten auf den Erwerber über. Die Übertragung bedarf notarieller Beurkundung und wird der GmbH gegenüber erst ab dem Zeitpunkt wirksam, ab dem sie bei ihr angemeldet wurde. Unter bestimmten Voraussetzungen kann die Gesellschaft auch eigene Anteile erwerben. In der Satzung kann die allgemein freie Verfügbarkeit der Gesellschafter über ihre Anteile eingeschränkt oder von einer Genehmigung der übrigen Gesellschafter oder der Gesellschaft abhängig gemacht werden.

- **Freiwillige Einziehung von Anteilen (*§ 34 I GmbHG*):** Mit Zustimmung des Gesellschafters kann die Gesellschaft dessen Anteil einziehen, mit der Folge, daß dieser mit allen Rechten und Pflichten untergeht. Hierzu ist erforderlich, daß die Satzung die Einziehung vorsieht, der betroffene Anteil voll eingezahlt ist und die Auszahlung des Einziehungsentgelts aus einem Gewinnvortrag oder offenen Rückstellungen erfolgt.

- **Zwangseinziehung von Anteilen:** Die Zwangseinziehung bedeutet den Entzug der Mitgliedschaft gegen den Willen des betroffenen Gesellschafters. Ein solches Vorgehen ist möglich, wenn neben den Voraussetzungen für die freiwillige Einziehung in der Satzung wichtige Gründe zur Einziehung geregelt sind. Eine nachträgliche Aufnahme wichtiger Gründe in die Satzung kann nur mit Zustimmung aller Gesellschafter erfolgen.

- **Kündigung:** Mangels gesetzlicher Regelung kommt ein Austritt eines Gesellschafters durch Kündigung nur in Betracht, wenn die Satzung dies vorsieht. Die Regelung sollte hierbei unbedingt dahingehend lauten, daß die Kündigung eines Gesellschafters nicht die Auflösung der Gesellschaft zur Folge haben soll.

- **Abandon:** Enthält die Satzung eine unbeschränkte Nachschußpflicht *(§ 27 GmbHG)*, so kann der Gesellschafter sich von dieser Pflicht befreien, wenn er innerhalb eines Monats nach der Aufforderung zur Einzahlung der Gesellschaft den Anteil zur Befriedigung zur Verfügung stellt. Dies geschieht durch formlose, empfangsbedürftige Willenserklärung einem Geschäftsführer gegenüber. Sollte die Frist ohne diese Erklärung des Gesellschafters ablaufen, so kann die Gesellschaft ihrerseits dem Gesellschafter gegenüber die Einziehung des Anteils bewirken. Vor Zugang eines entsprechenden Schreibens kann der Gesellschafter durch die volle Leistung das Abandon verhindern. Kommt der Gesellschafter der Aufforderung zur Einzahlung nicht nach, so hat die Gesellschaft den Anteil innerhalb eines Monats im Wege der öffentlichen Versteigerung verkaufen zu lassen. Unerheblich ist, ob der Gesellschafter seiner Nachschußpflicht nicht nachkommen will oder kann.

- **Kaduzierung:** Übernimmt ein Gesellschafter bei der Gründung oder einer Kapitalerhöhung der Gesellschaft eine Stammeinlage und erbringt diese trotz Androhung des Ausschlusses nicht, so kann die Gesellschaft den Gesellschafter von der Gesellschaft ausschließen. Die einzelnen Voraussetzungen sind:
  - Der fruchtlose Ablauf der Zahlungsfrist.
  - Die Aufforderung zur Erbringung der fälligen Stammeinlage durch den Geschäftsführer.
  - Die erneute Aufforderung mittels eingeschriebenen Briefes zur Zahlung unter Bezifferung der fälligen Leistung und Setzung einer mindestens einmonatigen Nachfrist. Auch die Androhung des Ausschlusses unter Verlust des Anteils nach fruchtlosem Ablauf der Frist muß hierin enthalten sein.

Kommt der Gesellschafter dennoch seiner Pflicht nicht nach, so ist ihm der Verlust seines Anteils mittels eingeschriebenen Briefes durch den Geschäftsführer zu erklären. Eines Gesellschafterbeschlusses bedarf es hierfür nicht. Mit dem Verlust seines Anteils verliert der Gesellschafter alle mitgliedschaftlichen Rechte und Pflichten.

- **Ausscheiden durch Ausschluß:** Liegt ein wichtiger Grund in der Person des Gesellschafters vor, so kann dieser gegen seinen Willen ausgeschlossen werden, wenn eine Fortsetzung der Gesellschaft mit ihm den anderen Gesellschaftern gegenüber unzumutbar erscheint. Die Gesellschafter beschließen über den Ausschluß in der Gesellschafterversammlung und müssen diesen dann per Ausschlußklage gerichtlich geltend machen. Nach Vorlage eines rechtskräftigen Ausschlußurteils kann die Gesellschaft zwischen der Einziehung des Anteils oder dessen Vermittlung an die Gesellschafter oder einen Dritten wählen. Auch ein eigener Erwerb der Anteile durch die Gesellschaft ist möglich.

Ausschluß von der Geschäftsführung

1. Überblick
Geschäftsführer können nur natürliche, unbeschränkt geschäftsfähige Personen sein *(§ 6 II 1 GmbHG)*.

2. Einzelfragen
- **Ausschlußgründe:** Ausgeschlossen sind demnach:
  - Betreute Personen, soweit sie bei der Besorgung ihrer Vermögensangelegenheiten einem Einwilligungsvorbehalt unterliegen *(§ 1903 BGB)*.
  - Personen, die in den letzten fünf Jahren wegen einer Insolvenzstraftat nach §§ 283 bis 283d StGB rechtskräftig verurteilt wurden.
  - Personen, gegen die aufgrund eines Urteils oder einer vollziehbaren Entscheidung der Verwaltungsbehörde die Ausübung eines Berufs, Berufszweigs, Gewerbes oder Gewerbezweigs untersagt worden ist, falls die angestrebte Geschäftsführerstellung in einem Unternehmen sein soll, dessen Gegenstand ganz oder teilweise mit dem des ausgesprochenen Verbots übereinstimmt *(§ 6 II 4 GmbHG)*.
  - Ein strafrechtliches oder vorläufiges ehren- oder berufsgerichtliches Berufsverbot hat hingegen keine notwendige Beendigung der Organstellung zur Folge.

- **Versicherung:** Der Geschäftsführer hat in seiner Anmeldung beim Handelsregister zu versichern, daß die Ausschlußgründe aus § 6 II GmbHG in seiner Person nicht vorliegen. Ohne diese Erklärung liegt ein Eintragungshindernis vor, welches zu einer Zurückweisung der Anmeldung führt.

- **Folgen des Vorliegens von Ausschlußgründen:** Wird ein Geschäftsführer trotz Vorliegens einer der Ausschlußgründe bestellt, so ist die Bestellung ohne Rücksicht auf Kenntnis des Mangels nichtig. Ein späteres Wegfallen des Grundes ist unbeachtlich. Tritt einer der Gründe erst später ein, so endet das Amt des Geschäftsführers von selbst. Bei einer Eintragung des Geschäftsführers in das Handelsregister und späterer Unwirksamkeit der Geschäftsführerstellung sind außenstehende Dritte, die auf diese Stellung vertraut haben, durch die Eintragung nach § 15 HGB geschützt, d.h. die Gesellschaft und der Geschäftsführer müssen sich so behandeln lassen, als ob die Geschäftsführerstellung immer noch bestünde.

B

Beendigung des Geschäftsführerverhältnisses

1. Überblick
Üblicherweise endet das Geschäftsführerverhältnis durch ordentliche oder außerordentliche Kündigung, Aufhebungsvertrag oder Zeitablauf. Ein Sonderfall ist der
→ *Ausschluß von der Geschäftsführung*.

2. Einzelfragen
- **Ordentliche Kündigung:** Ist der Anstellungsvertrag nicht auf eine bestimmte Dauer befristet, so kann das Anstellungsverhältnis beiderseitig durch ordentliche Kündigung beendet werden *(§ 620 II BGB)*. Die ordentliche Kündigung bedarf keines Grundes. Enthält der Anstellungsvertrag keine Kündigungsfrist, so gelten für Fremdgeschäftsführer und nicht beherrschende Gesellschafter-Geschäftsführer die nach Betriebszugehörigkeit gestaffelten Kündigungsfristen für Arbeitnehmer entsprechend § 622 I BGB *(BGHZ 79, 291; 91, 217)*. Für beherrschende und Allein-Gesellschafter-Geschäftsführer gelten die Sonderkündigungsfristen des § 621 BGB, abhängig davon, nach welchen Abschnitten die Vergütung bemessen ist.

Das Recht zur ordentlichen Kündigung kann im Anstellungsvertrag ausgeschlossen oder beschränkt werden.

- **Fristlose Kündigung:** Liegt ein wichtiger Grund vor, kann das Anstellungsverhältnis fristlos gekündigt werden *(§ 626 I BGB)*. Ein wichtiger Grund liegt nur vor, wenn aus objektiver Sicht die Fortsetzung des Anstellungsverhältnisses bis zum Ablauf der ordentlichen Kündigungsfrist unzumutbar ist. Hierbei sind die Gesamtumstände des Einzelfalls zu würdigen.

Zu den wichtigen Gründen für die Gesellschaft zählen u.a.:
- die unberechtigte Amtsniederlegung,
- schwere Vertrauensbrüche,
- mangelnde Dienstbereitschaft,
- die Überschreitung von Geschäftsführerbefugnissen,

- Unfähigkeit des Geschäftsführers,
- die wiederholte Widersetzung gegen Weisungen der Gesellschafter,
- ein außerdienstliches strafbares Verhalten,
- die Fälschung von Buchungsunterlagen,
- Verstöße gegen das Wettbewerbsverbot,
- die Annahme von Bestechungsgeldern und
- die Verweigerung von Auskünften gegenüber den Gesellschaftern.

Der Geschäftsführer kann als wichtigen Grund u.a. geltend machen:
- die unbegründete Entziehung oder Beschränkung der Vertretungsbefugnis,
- keine oder schleppende Bezahlung,
- nicht fundierte, kränkende Vorwürfe durch die Gesellschafter oder andere Geschäftsführer,
- die Abberufung aus der Organstellung,
- die Zumutung, gesetzeswidrige Beschlüsse der Gesellschafterversammlung durchzuführen und
- die nachträgliche Beschränkung der Geschäftsführerbefugnisse im Kernbereich.

Die Kündigung aus wichtigem Grund muß innerhalb von zwei Wochen nach Kenntnis des wichtigen Grundes erfolgen *(§ 626 II BGB);* danach ist sie allein wegen Ablauf der Frist unwirksam. Für die Gesellschaft beginnt die Frist, wenn alle Gesellschafter Kenntnis von den Kündigungstatsachen erlangt haben. Sie endet zwei Wochen danach, sofern es der Gesellschafterversammlung innerhalb dieser Zeit möglich ist, gesetzes- und satzungsgemäß zusammenzukommen, wirksam zu beschließen und die Kündigungserklärung dem Geschäftsführer zuzustellen *(Urteil des BGH NJW 80, 2411).*

Ein Ausschluß des Rechts zur Kündigung aus wichtigem Grund im Anstellungsvertrag ist unzulässig. Der Anstellungsvertrag kann jedoch besonders schwerwiegende Vertragsverletzungen des Geschäftsführers als wichtigen Kündigungsgrund definieren.

- **Wahrung der Kündigungsfrist:** Falls nicht abweichend im Anstellungsvertrag geregelt, ist für die Wahrung der Kündigungsfrist der Zugang der Kündigung beim Kündigungsgegner maßgeblich. Beim Einwurf in den Briefkasten geht die Kündigung nur dann noch am gleichen Tag zu, wenn der Einwurf zu einer Tageszeit erfolgt, zu der üblicherweise die allgemeine Post zugestellt wird.

- **Form der Kündigung:** Die Kündigung bedarf derjenigen Form, die im Anstellungsvertrag vereinbart wurde, üblicherweise der Schriftform. Auch ein Telefax erfüllt das Schriftformerfordernis. Häufig sieht der Anstellungsvertrag eine Kündigung per Einschreiben vor, wobei unklar ist, ob das Einschreiben tatsächlich als Wirksamkeitserfordernis gedacht sein soll oder lediglich als Beweismittel. Fehlt eine vertragliche Regelung über die Form der Kündigung, kann diese auch mündlich erfolgen; insoweit stellen sich jedoch Beweisprobleme.

- **Zuständigkeiten:** Kündigt die Gesellschaft, bedarf es zunächst eines entsprechenden Gesellschafterbeschlusses. Die Kündigung selbst wird daraufhin durch die Gesellschaft ausgesprochen, wobei sie hier nicht durch einen Geschäftsführer vertreten werden darf, sondern durch das Organ, welches den Geschäftsführer bestellt hat. Üblicherweise wird dies die Gesellschafterversammlung sein, wenn nicht in der Satzung einem anderen Organ (Aufsichtsrat, Beirat) diese Kompetenz zugewiesen ist.
Eine Ausnahme gilt für den Fall, daß das Anstellungsverhältnis nach der Abberufung des Geschäftsführers oder dessen Amtsniederlegung als Arbeitsverhältnis fortgeführt wurde; dann muß der neue oder ein anderer Geschäftsführer die Kündigung erklären.

Kündigt der Geschäftsführer, ist die Kündigung an die Gesellschaft zu adressieren. Sie geht dann zu, wenn sie einem anderen Geschäftsführer zugeht, auch wenn Kollektivvertretung besteht. Ob auch die Gesellschafter zur Entgegennahme der Kündigung zuständig sind, ist streitig, wohl aber für den Fall, daß der alleinige Geschäftsführer kündigt, zu bejahen.

- **Rechtsschutz:** Der Geschäftsführer kann nach erfolgter Kündigung vor den Zivilgerichten Feststellungsklage dahingehend erheben, daß das Dienstverhältnis durch die Kündigung nicht aufgelöst wurde. Im Fall der Kündigung aus wichtigem Grund kann er insbesondere das Fehlen eines wichtigen Grundes geltend machen. Die für Arbeitnehmer nach dem KSchG geltende dreiwöchige Frist zur Klageerhebung *(§ 13 I 2 KSchG)* gilt nicht für den Geschäftsführer als Organ einer juristischen Person *(§ 14 I Nr. 1 KSchG)*, jedoch kann bei längerem Zuwarten das Recht zur Klageerhebung verwirkt sein; eine Klage sollte daher spätestens binnen sechs Monaten ab Zugang der Kündigung erhoben werden.

- **Schadensersatzansprüche:** Veranlaßt ein Teil durch sein vertragswidriges Verhalten eine Kündigung aus wichtigem Grund, ist dieser zum Ersatz des durch die Aufhebung des Dienstverhältnisses entstandenen Schadens verpflichtet *(§ 628 II BGB)*.

Das vertragswidrige Verhalten eines anderen Geschäftsführers ist hierbei der Gesellschaft über ihre Organhaftung zuzurechnen *(§ 31 GmbHG) (→ Organhaftung)*.

- **Folgen der Beendigung des Anstellungsverhältnisses:** Der Geschäftsführer hat Anspruch auf Erteilung eines wohlwollenden und qualifizierten Zeugnisses. Er hat keinen Anspruch auf Entlastung, jedoch steht ihm der Weg zu den Zivilgerichten mit dem Feststellungsbegehren offen, daß der Gesellschaft keine Ansprüche mehr gegen ihn zustehen. Der Geschäftsführer muß sämtliche Geschäftsunterlagen zurückgeben und Rechnung ablegen.

3. Tips und Beispiele

 Der Geschäftsführer sollte versuchen, das Recht der Gesellschaft zur ordentlichen Kündigung – zumindest zeitweilig – im Anstellungsvertrag auszuschließen oder zu beschränken.

> *Beispiel 1:* „Die Gesellschaft kann diesen Anstellungsvertrag nur aus wichtigem Grund kündigen."

Beispiel 2: „Dieser Anstellungsvertrag läuft auf unbeschränkte Zeit. Die ordentliche Kündigung dieses Anstellungsvertrages durch die Gesellschaft ist erstmals zum 31. Dezember 2001 möglich."

Beirat

Der Beirat ist in seiner Funktion und seiner Organisation dem fakultativen Aufsichtsrat vergleichbar *(→ Aufsichtsrat)*.

Berufsverbot
→ *Ausschluß von der Geschäftsführung*

Beschlußfassung der Gesellschafter

1. Überblick
Die Willensbildung innerhalb der Gesellschaft erfolgt durch Gesellschafterbeschluß. Neben den gesetzlich normierten Beschlußfassungsgründen kann die Satzung weitere Angelegenheiten der Beschlußfassung durch die Gesellschafter unterstellen.

2. Einzelfragen
- **Gesellschafterversammlung:** Die Gesellschafterversammlung ist beschlußfähig, wenn sie nach dem Gesetz oder der Satzung wirksam einberufen wurde und mindestens ein Gesellschafter zur Versammlung erschienen ist. Die Anzahl der Stimmen eines Gesellschafters hängt von der Größe seines Anteils ab. Nicht abgegebene Stimmen oder Enthaltungen zählen nicht. Konnte ein Gesellschafter nicht zur Versammlung erscheinen und hat dieser keinen Bevollmächtigten geschickt, so wird eine schriftliche oder in anderer Form vorgenommene Stimmabgabe nicht berücksichtigt.
Gesellschafterbeschlüsse bedürfen grundsätzlich der einfachen Mehrheit der abgegebenen Stimmen. Satzungsänderungen bedürfen einer Mehrheit von 75% der Stimmen. Bei Stimmgleichheit gilt der Gesellschafterbeschluß als abgelehnt. Die Satzung kann hiervon abweichende Regelungen enthalten, insbesondere zu bestimmten Fragen andere Mehrheitserfordernisse vorsehen.
Die Gesellschafterbeschlüsse sind, soweit sie nicht – wie bei Satzungsänderungen – ausnahmsweise der Eintragung im Handelsregister bedürfen, sofort nach Beschlußfassung wirksam. Ein Verstoß gegen diese Formvorschriften hat die Anfechtbarkeit des Beschlusses zur Folge und nicht dessen Nichtigkeit.

- **Beschlußfassung außerhalb der Gesellschafterversammlung:** Gesellschafterbeschlüsse können auch außerhalb von Gesellschafterversammlungen im schriftlichen Verfahren gefaßt werden *(§ 48 II GmbHG)*. Dabei müssen sich alle Gesellschafter schriftlich mit der zu treffenden Bestimmung oder mit der schriftlichen Abgabe der Stimmen einverstanden erklären. Die Satzung kann auch Gesellschafterbeschlüsse per Telefax für zulässig erklären.

- **Teilnahme des Geschäftsführers:** Die Gesellschafter können verlangen, daß der Geschäftsführer an der Gesellschafterversammlung teilnimmt. Umgekehrt hat der Geschäftsführer kein Recht auf Teilnahme.

Bestellung des Geschäftsführers

1. Überblick
Die Bestellung eines oder mehrerer Geschäftsführer ist notwendige Voraussetzung für die rechtswirksame Entstehung einer GmbH. Verliert die GmbH später ihren Geschäftsführer, führt das nicht zum Verlust ihrer Rechtspersönlichkeit und Rechtsfähigkeit. Bis zur Neubestellung eines Geschäftsführers, regelmäßig durch die Gesellschafter und notfalls durch das Registergericht (Notgeschäftsführer), nehmen die

Prokuristen und/oder Handlungsbevollmächtigten die Geschäfte für die GmbH wahr und zwar im Rahmen der ihnen durch Gesetz und Satzung verliehenen Befugnisse.

2. Einzelfragen

- **Tauglicher Personenkreis:** Geschäftsführer einer GmbH kann nur eine natürliche unbeschränkt geschäftsfähige Person sein, wobei die Staatsangehörigkeit unerheblich ist. Einen inländischen Wohnsitz benötigt der Geschäftsführer ebenfalls nicht *(Urteil des LG Braunschweig DB 1983, 977; OLG Frankfurt NJW 1977,1595).*
Es besteht jedoch die Möglichkeit, an die Person des Geschäftsführers bestimmte Voraussetzungen zu knüpfen, z.b. nur Gesellschafter, Personen bestimmten Alters oder Geschlechts. Wird nun ein Geschäftsführer durch Beschluß der Gesellschafterversammlung bestimmt, der diese Voraussetzungen nicht erfüllt, so ist zwar die Bestellung wirksam, aber anfechtbar.
Nicht möglich ist indes, daß ein Mitglied des Aufsichtsrates zum Geschäftsführer der GmbH bestellt wird. Ausnahmsweise kann ein Aufsichtsratsmitglied für maximal ein Jahr in die Geschäftsführung geschickt werden.

- **Trennung der Bestellung zum Geschäftsführer und des Anstellungsvertrages:** Die Bestellung zum Geschäftsführer ist strikt von dem Anstellungsvertrag (→ *Anstellungsvertrag)* zu unterscheiden. Mit der Bestellung wird die Person Organ der Gesellschaft. Der Anstellungsvertrag regelt die rechtlichen Beziehungen zwischen Geschäftsführer und Gesellschaft. Zwar ergänzen sich beide Vorgänge. Allerdings führt die Unwirksamkeit des einen Teils nicht automatisch auch zur Unwirksamkeit des anderen Teils.

- **Durchführung der Bestellung:** Die Bestellung zum Geschäftsführer kann durch Gesellschaftsvertrag, durch Beschluß der Gesellschafter oder notfalls durch das Gericht erfolgen. Grundsätzlich erfolgt die Bestellung des Geschäftsführers durch einfachen Mehrheitsbeschluß der Gesellschafter (→ *Beschlußfassung der Gesellschafter).*

- **Folgen einer fehlerhaften Bestellung:** Wird ein Geschäftsführer trotz der Ausschlußgründe des § 6 II GmbHG (→ *Ausschluß von der Geschäftsführung)* von der Gesellschafterversammlung bestellt, so ist dieser Gesellschafterbeschluß nichtig. Ist die Eintragung des Geschäftsführers gesetzeswidrig, so besteht ein Eintragungshindernis, welches nur durch die wirksame Geschäftsführerbestellung beseitigt werden kann. Auch der fehlerhaft bestellte Geschäftsführer wird jedoch, soweit er die Geschäfte der Gesellschaft tatsächlich führt, als wirksamer Geschäftsführer behandelt. Gutgläubige Dritte, die auf die Erklärungen des im Handelsregister eingetragenen Geschäftsführers vertrauten, werden nach § 15 I HGB geschützt, da die Gesellschaft für die abgeschlossenen Geschäfte dem Vertragspartner gegenüber verpflichtet wird.

- **Anzahl der Geschäftsführer:** Der Gesellschaftsvertrag kann festlegen, daß einem oder mehreren Gesellschaftern die Befugnis zusteht, den oder die Geschäftsführer zu bestimmen. Dabei kann einem der Gesellschafter das Recht eingeräumt werden, den oder die Geschäftsführer selbst zu bestimmen, mit der Folge, daß die übrigen Gesellschafter an die Entscheidung gebunden sind *(Urteil des BGH WM 1989, 250).* Es besteht aber auch die Möglichkeit, daß der Gesellschafter das Recht besitzt, sich selbst zum Geschäftsführer zu bestellen. Ob dem Gesellschafter die genannten Rechte zukommen, muß sich aus dem Gesellschaftsvertrag deutlich ergeben.

- **Notgeschäftsführer:** Die gerichtliche Bestellung eines Geschäftsführers kommt nur dann in Betracht, wenn die Gesellschafter keinen Geschäftsführer bestellt haben, ein Antrag eines Beteiligten vorliegt und es sich um einen dringenden Fall handelt. Ein solcher Fall wird regelmäßig dann vorliegen, wenn die Gesellschafter sich nicht einigen können. Nicht hingegen, wenn der Geschäftsführer sich weigert, einzelne Geschäftsführungsakte vorzunehmen. Eine Notgeschäftsführerbestellung ist aber erforderlich, wenn die Geschäftsführungstätigkeit grundsätzlich abgelehnt wird. Die Bestellung eines Notgeschäftsführers ist befristet, bis der Mangel behoben wird *(Urteil des BGH Z 33, 193).*

- **Vereinbarung von Probezeit:** Es ist zulässig, daß im Rahmen der Bestellung des Geschäftsführers eine Probezeit vereinbart wird. Dies geschieht nicht unbedingt, um eine frühzeitige Kündigung und damit eine Trennung zu erleichtern. Sinn und Zweck ist es, daß die Parteien für sich selbst feststellen können, ob die Zusammenarbeit in der konkreten Form für sie zufriedenstellend ist *(→ Zeitvertrag).*

3. Tips und Beispiele

> **Muster für Bestellungsbeschluß eines Geschäftsführers**

Wir, die unterzeichneten
Herr/Frau (Vorname) (Nachname) ....
Herr/Frau (Vorname) (Nachname) ....

haben mit notarieller Urkunde vom heutigen Tag .... des Notars ....
eine Gesellschaft mit beschränkter Haftung .... gegründet.

Unter Verzicht auf alle Frist-, Ladungs- und Formvorschriften fassen wir in der ersten Gesellschafterversammlung der neugegründeten ....GmbH folgende Gesellschafterbeschlüsse:

(Gesellschafterbeschlüsse)

Zum Geschäftsführer der .... GmbH wird Herr/Frau ...., (Beruf) ...., (Straße) ...., (Ort) ...., bestellt.

Der Geschäftsführer vertritt die Gesellschaft allein, wenn er ihr einziger Geschäftsführer ist. Sind mehrere Geschäftsführer bestellt, so wird die Gesellschaft durch zwei Geschäftsführer vertreten *(hier sind andere Konstellationen möglich)*. Die Gesellschafter können den Geschäftsführern oder einzelnen von ihnen Alleinvertretungsbefugnis verleihen und sie von den Beschränkungen des § 181 BGB befreien.

Die Einzelheiten des Anstellungsverhältnisses des Geschäftsführers werden in einem besonderen Anstellungsvertrag geregelt.

Der Geschäftsführer wird angewiesen, ab heute mit der Geschäftstätigkeit zu beginnen.

Wir erklären sodann die Gesellschafterversammlung für beendet.

Ort/Datum ....

Die Gesellschafter ....

Betriebsprüfung

1. Überblick
In unregelmäßigen Abständen finden bei gewerblichen Betrieben Betriebsprüfungen statt, die durch die für die Besteuerung zuständigen Finanzbehörden zur sachdienlichen, objektiven Untersuchung der steuerlichen Sachverhalte vorgenommen werden.

2. Einzelfragen
- **Besondere Anlässe:** Besondere Anlässe für eine Betriebsprüfung können z.B. Finanzierungslücken, unschlüssige Steuererklärungen, außergewöhnliche Betriebsausgaben und Vorsteuerabzug geben.

- **Bekanntgabe:** Eine angemessene Zeit vor dem Beginn der Prüfung sind der Gesellschaft die Prüfungsanordnung, der angedachte Prüfungsbeginn und die Namen der Prüfer schriftlich bekanntzugeben, wenn hierdurch nicht die Gefahr entsteht, daß der Prüfungszweck vereitelt wird. Liegen bei Steuerpflichtigen wichtige Gründe vor, so kann der Termin auf Antrag beim zuständigen Finanzamt verlegt werden.

- **Umfang:** Der Umfang der Betriebsprüfung wird von der Finanzverwaltung in einer schriftlich zu erteilenden Prüfungsanordnung *(§ 196 AO)* angeordnet und kann eine oder mehrere Steuerarten oder bestimmte Besteuerungszeiträume erfassen. Für die Prüfungshäufigkeit und den Prüfungszeitraum ist die Größenordnung des Unternehmens ausschlaggebend. In der Regel werden die vergangenen drei Steuerjahre geprüft.

Buchführungspflicht

1. Überblick
Die GmbH ist als Handelsgesellschaft *(§ 13 III GmbHG)* zur doppelten Buchführung verpflichtet *(§ 41 GmbHG, §§ 6 I, 238 I, 242 HGB)*. Daneben hat die GmbH nach § 140 AO eine steuerrechtliche Buchführungspflicht.

2. Einzelfragen
- **Zuständigkeit:** Sämtliche Geschäftsführer haben die Pflicht zur Buchführung. Unerheblich ist, ob die Geschäftsführer die Bücher selber führen oder für eine ordnungsgemäße Buchführung sorgen. Die Geschäftsführer müssen aber imstande

sein, jederzeit in die Buchführung eingreifen zu können und diese an sich zu ziehen. Eine Einschränkung oder gar der Ausschluß der Buchführungspflicht durch Satzung, Anstellungsvertrag oder Absprache unter den Geschäftsführern ist nicht möglich.

- **Form:** Die Buchführung ist so zu gestalten, daß sie einem sachverständigen Dritten innerhalb einer angemessenen Zeit einen Überblick über die Geschäftsvorfälle und über die Lage der Gesellschaft vermitteln kann *(§ 238 I S. 2 HGB)*.

- **Inhalt:** Die Buchführungspflicht umfaßt die Pflicht zur Erstellung eines Inventars *(§ 240 HGB)*, der Aufstellung der Eröffnungsbilanz, des Jahresabschlusses *(§ 242 ff HGB)* und des Lageberichts *(§ 289 I HGB)*. Auch die Mitwirkung der Geschäftsführer bei der Betriebsprüfung zählt zu den Buchführungspflichten. Die Geschäftsführer haben hierbei den Prüfern bei der Feststellung der Sachverhalte durch Auskünfte und Vorlage von Unterlagen sowie deren Erörterung behilflich zu sein.

- **Aufbewahrungspflichten:** Gemäß § 257 HGB sind Handelsbücher, Inventare, Eröffnungsbilanzen, Jahresabschlüsse, Lageberichte, Konzernabschlüsse, Konzernlageberichte sowie die zu ihrem Verständnis erforderlichen Arbeitsanweisungen und sonstigen Organisationsunterlagen und Buchungsbelege zehn Jahre lang aufzubewahren.
Dagegen besteht eine sechsjährige Aufbewahrungspflicht für empfangene Handelsbriefe und Wiedergaben der abgesandten Handelsbriefe.

- **Folgen einer Pflichtverletzung:** Die Verletzung der Buchführungspflicht ist gemäß § 283b StGB strafrechtlich relevant. Zivilrechtlich haften die Geschäftsführer der Gesellschaft bei einer schuldhaften Verletzung der Buchführungspflicht für die entstandenen Schäden nach § 43 II GmbHG, den Gesellschaftsgläubigern nach § 823 II BGB i.V.m. § 263 StGB. Die Verletzung der Buchführungspflicht kann auch ein wichtiger Grund zur Abberufung des Geschäftsführers und Kündigung des Anstellungsvertrages sein.

C, D

D

Darlehen

1. Überblick
Nimmt die GmbH ein Darlehen auf, so stellen die Zinsen Betriebsausgaben der Gesellschaft dar. Ist die GmbH hingegen Darlehensgeberin, zählen die Zinsen zu den Betriebseinnahmen.

2. Einzelfragen
vGA: In der Gewährung eines Darlehens mit unangemessen niedrigen Zinsen an einen Gesellschafter-Geschäftsführer liegt eine verdeckte Gewinnausschüttung. Verzichtet ein Gesellschafter-Geschäftsführer z.B. in Krisenzeiten zeitweise auf Gehalt (sog. „Gehaltsstundung") und soll dieses nachbezahlt werden, so bedarf dies eines vorherigen schriftlichen Darlehensvertrages. Andernfalls liegt in der späteren Nachzahlung eine verdeckte Gewinnausschüttung.

Dienstwagen

1. Überblick
Geschäftsführer erhalten zumeist einen Dienstwagen. Solange die Überlassung nicht auch zum privaten Gebrauch erfolgt, darf dieser nur zu dienstlichen Zwecken genutzt werden. Häufig werden die näheren Einzelheiten der Nutzung des Dienstwagens durch eine Kraftfahrzeugordnung oder durch einen separaten Dienstwagenvertrag geregelt.

2. Einzelfragen
- **Besteuerung:** Erfolgt die Überlassung des Dienstwagens auch zum privaten Gebrauch, ist der private Nutzungsteil ein geldwerter Vorteil, der vom Geschäftsführer versteuert werden muß. Für die Versteuerung bestehen zwei Alternativen, zwischen denen innerhalb eines Steuerjahres nicht gewechselt werden darf:
  - Die Besteuerung beträgt entweder monatlich 1% des Listenpreises (inkl. Sonderausstattung und Umsatzsteuer) zuzüglich 0,03% des Listenpreises (inkl.

Sonderausstattung und Umsatzsteuer) pro Entfernungskilometer von der Wohnung zur Arbeitsstätte.
- Alternativ kann der Geschäftsführer den steuerpflichtigen Privatanteil an den Gesamtkosten des Dienstwagens durch ein lückenloses Fahrtenbuch ermitteln, aus dem der Anteil der Privatfahrten an den Gesamtfahrten hervorgeht.

- **vGA:** Dienstwagen von Gesellschafter-Geschäftsführern müssen in einem angemessenen Verhältnis zum Umsatz und der Größe der Gesellschaft stehen. Andernfalls liegt eine verdeckte Gewinnausschüttung vor.

3. Tips und Beispiele

Der Geschäftsführer sollte darauf achten, daß die Gesellschaft nach den maßgeblichen Regelungen über den Dienstwagen nicht das Recht hat, diesen jederzeit oder bei Freistellung des Geschäftsführers ersatzlos zurück zu verlangen.

E

Ein-Mann-/Ein-Personen-GmbH

1. Überblick

Eine GmbH kann auch nur aus einer Person bestehen. Diese sog. Ein-Mann-GmbH bzw. Ein-Personen-GmbH kann entweder entstehen, wenn nur eine Person die Gesellschaft gründet oder wenn sich nachträglich alle Anteile in einer Person vereinigen.

Eine Ein-Personen-GmbH liegt vor, wenn sich alle Anteile in der Hand eines Gesellschafters befinden, welcher alleiniger Gesellschafter sein muß. Gesellschafter kann eine natürliche oder eine juristische Person sein.

Da die Personenhandelsgesellschaften OHG und KG sich als Gesellschafter an Mehr-Personengründungen beteiligen können, ist ihre Gesellschafterfähigkeit auch bei Ein-Mann-Gründungen zu bejahen. Dasselbe gilt für sonstige Gesamthandsgemeinschaften, sofern sie sich an einer GmbH-Gründung beteiligen können, also insbesondere die BGB-Gesellschaft, Erben- und Gütergemeinschaft sowie nach wohl herrschender Meinung die Vor-GmbH.

Die Ein-Personen-GmbH eignet sich vor allem zur Beschränkung des persönlichen Haftungsrisikos für Alleinunternehmer.

2. Einzelfragen

- **Anmeldung:** Bei der Ein-Mann-GmbH besteht eine geringere Haftungsbasis und hierdurch eine erhöhte Gefahr, daß das Stammkapital nicht real aufgebracht wird (→ *Anmeldung der GmbH*). Daher muß der Gründer einer Ein-Mann-Gesellschaft für ausstehende Einlagen Sicherheiten stellen (§ 7 II 3 GmbHG). Bei der Anmeldung der Ein-Mann-Gesellschaft zum Handelsregister ist die schadensersatz- und strafbewährte Einzahlungsversicherung der Geschäftsführer dahingehend zu ergänzen, daß für die ausstehenden Einlagen die erforderliche Sicherheit bestellt ist (§ 8 II 2 i.V.m. § 7 II 3 GmbHG).

- **Gründungsformen:**
  - Eine Ein-Personen-GmbH kann zum einen durch Errichtung gegründet werden. Für die Gründung gelten im wesentlichen die Regelungen für die Mehr-

personen-GmbH. Jedoch kommt der Gesellschaftsvertrag bei der Ein-Personen-GmbH durch einseitige, nicht empfangsbedürftige Willenserklärung des Gründers zustande und unterliegt inhaltlich nicht den Schranken, die sich ihrem Sinn und Zweck nach auf das Vorhandensein mehrerer Gesellschafter beziehen.
– Zweitens entsteht eine Ein-Personen-GmbH durch Umwandlung im Wege der Ausgliederung des Unternehmens eines Einzelkaufmanns in eine GmbH gemäß §§ 152, 158 ff., 124 ff. UmwG.
– Der dritte mögliche Entstehungsgrund ist die spätere Vereinigung aller Geschäftsanteile in einer Hand. Wenn dies innerhalb von drei Jahren nach Eintragung der Gesellschaft geschieht, muß der Gesellschafter nach § 19 IV GmbHG innerhalb einer Dreimonatsfrist alle Geldleistungen voll einzahlen oder der Gesellschaft für die noch ausstehenden Beträge eine Sicherung bestellen. Praktisch relevant sind in diesem Zusammenhang insbesondere die sogenannten Strohmanngründungen: Hierbei handelt es sich um Mehr- Personengründungen mit dem Ziel, aus ihnen später Einpersonengesellschaften zu machen, was durch Abtretung aller Anteile der bei der Gründung behilflichen Treuhänder an den zukünftigen Alleingesellschafter möglich ist.

- **Bestellung des Geschäftsführers:** Der Ein-Mann-Gesellschafter kann sich gemäß § 48 III GmbHG selbst zum Geschäftsführer bestellen.
Die Bestellung eines oder mehrerer Geschäftsführer erfolgt auch bei der Ein-Personen-GmbH durch die Gesellschafterversammlung, also den Alleingesellschafter. Eine Besonderheit besteht lediglich im Formerfordernis des § 48 III GmbHG, wonach die Bestellung unverzüglich in einer unterschriebenen Niederschrift festzuhalten ist. Die scheinbar entgegenstehenden Vorschriften über In-Sich-Geschäfte *(§ 35 IV GmbHG i.V.m. § 181 BGB)* finden aufgrund des körperschaftlichen Charakters des Bestellungsaktes keine Anwendung.

- **Amtsniederlegung des Gesellschafter-Geschäftsführers:** Eine Amtsniederlegung, die der einzige Geschäftsführer und zugleich Gesellschafter einer Ein-Mann-GmbH ohne wichtigen Grund erklärt, ist unwirksam, wenn nicht gleichzeitig ein oder mehrere neue Geschäftsführer bestellt werden.

- **Rechtliche Besonderheiten:** Die rechtliche Ausgestaltung der Ein-Personen-GmbH entspricht grundsätzlich derjenigen der Mehr-Personen-GmbH. Lediglich für Konstellationen des Rechtsverkehrs, die naturgemäß das Vorhandensein mehrerer Beteiligter zur Schaffung von Rechtsfolgen voraussetzen, gelten einige Sonderbestimmungen, die auch dem Gläubigerschutz dienen sollen.
Da die Ein-Personen-GmbH nur einen Gesellschafter hat, ist dieser jederzeit und

allein beschlußfähig. Um die daraus entstehenden Probleme der Verbindlichkeit solcher Beschlüsse zu lösen, verlangt § 48 III GmbHG die unverzügliche Aufnahme der Beschlußfassung in eine zu unterschreibende Niederschrift. Das soll die Berufung des Gesellschafters sowohl auf angeblich gefaßte, als auch auf angeblich nicht gefaßte Beschlüsse verhindern.
Umstritten sind allerdings die Folgen der Nichtbeachtung dieser Formvorschrift: Sie führt unstreitig nicht zur Nichtigkeit eines Beschlusses, wohl aber zur Versagung der Berufungsmöglichkeit des Gesellschafters auf für ihn vorteilhafte Beschlüsse, sofern diese nicht anderweitig beweisbar sind.

- **Rechtsgeschäfte des Alleingesellschafters und Geschäftsführers mit der GmbH:** Dem Alleingesellschafter und Geschäftsführer der Ein-Personen-GmbH ist das Selbstkontrahieren ausdrücklich verboten, da gemäß § 35 IV 1 GmbHG auch auf Rechtsgeschäfte des Gesellschafter-Geschäftsführers einer solchen Gesellschaft § 181 BGB Anwendung findet. Das gilt auch dann, wenn der Alleingesellschafter nur ein Geschäftsführer unter mehreren ist. Umstritten, aber wohl zu verneinen ist in diesen Fällen die Möglichkeit der Vertretung der Gesellschaft durch einen Prokuristen, da dieser dem Gesellschafter-Geschäftsführer zuzurechnen ist. Ein Verstoß gegen § 181 BGB führt zur schwebenden Unwirksamkeit des Rechtsgeschäfts. Der Gesellschafter kann sich aber vom Verbot des Selbstkontrahierens durch Gestattung desselben in der Satzung befreien. Das ermöglicht ihm auch die nachträgliche Genehmigung eines schwebend unwirksamen Rechtsgeschäfts mit Wirksamkeitsfolge von Anfang an.

- **Handelndenhaftung:** → *Haftung des Geschäftsführers*

- **Vermögensverhältnisse:** Grundsätzlich ist auch bei der Ein-Personen-GmbH rechtlich zwischen Gesellschaft und Alleingesellschafter strikt zu trennen, so daß den Gläubigern der GmbH auch nur das Gesellschaftsvermögen haftet.
In einigen Fällen rechtfertigt die wirtschaftliche und personale Einheit von Gesellschafter und Gesellschaft bei der Ein-Personen-GmbH jedoch den Durchgriff auf den Alleingesellschafter. Die Kasuistik (Rechtsfindung) ist hierbei umstritten: Allgemein anerkannt ist lediglich eine Haftung des Gesellschafters in Fällen der Vermögensvermischung, wenn also aufgrund undurchsichtiger Buchführung eine klare Trennung zwischen dem Gesellschaftsvermögen und dem des Gesellschafters nicht möglich ist. Darüber hinaus herrscht Einigkeit auch bezüglich der Notwendigkeit eines restriktiven Gebrauchs des Durchgriffsinstituts, da andernfalls die Rechtsform der juristischen Person unterlaufen würde.

Einsichtsrecht
→ *Auskunfts- und Einsichtsrecht*

Entlastung

1. Überblick
Entlastung ist die einseitige Erklärung der Gesellschaft, mit der diejenigen Ersatzansprüche der Gesellschaft gegen den Geschäftsführer ausgeschlossen werden, die das die Erklärung erteilende Organ aufgrund sorgfältiger Prüfung aller Vorlagen und Berichte erkennen konnte.

2. Einzelfragen
- Zuständigkeit: Für die Entlastung ist die Gesellschafterversammlung zuständig *(§ 46 Nr. 5 GmbHG)*. Sie beschließt über die Entlastung nach pflichtgemäßen Ermessen und kann diese für bestimmte Geschäfte oder einen bestimmten Zeitraum einschränken. Für den Gesellschafterbeschluß genügt die einfache Stimmenmehrheit. Ein Geschäftsführer, der zugleich Gesellschafter ist, darf über seine Entlastung nicht mitentscheiden *(§ 47 IV 1 GmbHG)*.

- Folgen der Nichterteilung: Der Geschäftsführer hat keinen Anspruch auf Erteilung der Entlastung, jedoch kann er mit einer zivilrechtlichen Feststellungsklage klären lassen, daß der Gesellschaft keine Ansprüche gegen ihn mehr zustehen *(BGHZ 94, 324)*.

3. Tips und Beispiele
Scheidet der Geschäftsführer durch Aufhebungsvertrag aus der Gesellschaft aus, sollte er darauf achten, daß der Aufhebungsvertrag seine Entlastung vorsieht und – noch besser – eine Klausel enthält, wonach mit der Beendigung des Anstellungsverhältnisses alle Ansprüche der Gesellschaft abgegolten sind.

> *Beispiel:* „Mit Ausnahme der in diesem Aufhebungsvertrag geregelten Ansprüche sind mit der Beendigung des Anstellungsverhältnisses alle gegenseitigen Ansprüche der Parteien und der mit ihnen i.S.d. § 15 AktG verbundenen Unternehmen gegeneinander aus dem Anstellungsverhältnis, dem Geschäftsführeramt und deren Beendigung, egal aus welchem Rechtsgrund, ob bekannt oder unbekannt, vollständig abgegolten und erledigt."

Erfindungen

1. Überblick

Der Geschäftsführer unterliegt als arbeitgeberähnliche Person nicht den Regelungen des Arbeitnehmererfindungsgesetzes *(§ 1 ArbNErfG)*. Die Gesellschaft hat damit kein gesetzliches Recht, Erfindungen des Geschäftsführers an sich zu ziehen und zu nutzen. Üblicherweise wird daher im Anstellungsvertrag eine entsprechende Anwendbarkeit des ArbErfG vereinbart. Während bei Arbeitnehmererfindern gemäß § 22 ArbNErfG eine Vertragsabsprache zum Nachteil des potentiellen Erfinders unwirksam ist, bestehen solche Beschränkungen bei Geschäftsführern nicht. Die Handhabung von Erfindungen sowie etwaiger Vergütungen ist daher Verhandlungssache.

2. Tips und Beispiele

Aus Sicht der Gesellschaft sollte der Anstellungsvertrag regeln, daß die Vorschriften des Arbeitnehmererfindungsgesetzes auf das Anstellungsverhältnis entsprechende Anwendung finden, wobei die Vergütungsansprüche des Geschäftsführers nach dem Arbeitnehmererfindungsgesetz mit seinen Bezügen aus dem Anstellungsvertrag vollständig abgegolten sind.

F, G

Faktischer Geschäftsführer
→ *Geschäftsführer*

Firmenwagen
→ *Dienstwagen*

Gehalt

1. Überblick

Für die Festsetzung und Änderung des Geschäftsführergehalts ist die Gesellschafterversammlung zuständig, wenn nicht die Satzung einem anderen Organ (Aufsichtsrat, Beirat) diese Kompetenz zuweist. Das Geschäftsführergehalt ist für die Gesellschaft Betriebsausgabe, der Geschäftsführer erzielt lohnsteuerpflichtigen Arbeitslohn. Die Höhe des Gehalts ist Verhandlungssache.
Bei Gesellschafter-Geschäftsführern besteht regelmäßig die Gefahr der verdeckten Gewinnausschüttung (→ *Verdeckte Gewinnausschüttung*). Insbesondere müssen Gehaltsvereinbarungen mit Gesellschafter-Geschäftsführern schriftlich erfolgen und alle Gehaltsbestandteile, wie z.B. die Tantieme (→ *Tantieme*), Weihnachts- und Urlaubsgeld, Entgeltfortzahlung im Krankheitsfall, Krankengeld und Versorgungsleistungen umfassen.

2. Einzelfragen

- **Gehaltserhöhung:** Geschäftsführer haben keinen gesetzlichen Anspruch auf Gehaltserhöhung. Der Anstellungsvertrag kann das Geschäftsführergehalt an die Steigerung von Tarifgehältern koppeln. Eine Koppelung an die Steigerung der Lebenshaltungskosten bedarf zu ihrer Wirksamkeit der Genehmigung des Bundesamtes für Wirtschaft.

- **Entgeltfortzahlung im Krankheitsfall:** Geschäftsführer haben keinen gesetzlichen Anspruch auf Entgeltfortzahlung im Krankheitsfall. Im Anstellungsvertrag wird häufig eine Entgeltfortzahlungsperiode von bis zu sechs Monaten vereinbart. Wichtig ist, welche Gehaltsteile der Entgeltfortzahlung zugrunde gelegt werden, insbesondere ob die Entgeltfortzahlung auch die häufig nicht unwesentlichen variablen Gehaltsteile umfaßt.

3. Tips und Beispiele

> *Beispiel für eine zulässige Tariflohnkoppelung:*
> „Das Festgehalt erhöht sich jährlich in dem selben Verhältnis, wie sich die Gehälter der höchsten Tarifstufe für kaufmännische Angestellte der metallverarbeitenden Industrie erhöhen."

Geheimhaltung

1. Überblick

Geschäftsführern, Mitgliedern des Aufsichtsrats und Liquidatoren ist es unter Strafandrohung untersagt, Betriebs- oder Geschäftsgeheimnisse der Gesellschaft unbefugt zu offenbaren oder zu verwerten *(§ 85 I und II GmbHG).*

2. Einzelfragen

- **Geheimnis:** Geheimnisse sind solche Tatsachen, die nur einem beschränkten Personenkreis bekannt und nicht jedermann zugänglich sind. An der Geheimhaltung dieser Tatsachen muß ein objektiv begründetes Interesse der Gesellschaft bestehen. Ein solches Interesse ist dann anzunehmen, wenn der Gesellschaft aus dem Bekanntwerden der Tatsachen möglicherweise ein Schaden entstehen würde, sei es, weil die Wettbewerbsfähigkeit bedroht wird oder die Bekanntgabe zu Ansehensminderung und Vertrauensverlust führt.

- **Offenbarung:** Eine Offenbarung ist jede Mitteilung an eine Person, die das Geheimnis noch nicht kennt. Auch eine Duldung der Weitergabe durch Dritte fällt unter den Begriff der Offenbarung.

- **Verwertung:** Eine Verwertung geschieht durch die wirtschaftliche Ausnutzung zum Zweck der Gewinnerzielung, wobei es nicht darauf ankommt, ob ein Gewinn tatsächlich erzielt wird.

- **Unbefugt:** Unbefugt ist die Offenbarung oder Verwertung nicht, wenn die Gesellschaft auf die Geheimhaltung verzichtet hat oder eine Pflicht zur Auskunftserteilung besteht. Letztere kann sich insbesondere aus der Pflicht zur Anzeige von Straftaten gemäß § 138 StGB ergeben.

Geschäftsbericht
→ *Jahresabschluß*

Geschäftsführer

1. Überblick
Der Geschäftsführer führt die Geschäfte der Gesellschaft und vertritt diese nach außen:
- Die Geschäftsführung beschreibt das Innenverhältnis, d.h. die interne Organisation der Gesellschaft. Die Gesellschafter oder ein anderes nach der Satzung zuständiges Organ können die Geschäftsführung weitgehend an sich ziehen.
- Die Vertretung beschreibt das Außenverhältnis, d.h. die rechtliche Verpflichtung der Gesellschaft gegenüber Dritten. Die Gesellschafter können die Vertretungsbefugnis nach außen nicht beschränken.

2. Einzelfragen
- **Geschäftsführerarten:**
  - Geschäftsführer, die nicht an der Gesellschaft beteiligt sind, sind Fremdgeschäftsführer.
  - Geschäftsführer, die an der Gesellschaft beteiligt sind und mehr als 50% der Stimmrechte haben, sind beherrschende Gesellschafter-Geschäftsführer.
  - Geschäftsführer, die an der Gesellschaft beteiligt sind, aber weniger als 25% der Stimmrechte haben, sind Gesellschafter-Geschäftsführer.

  Ob Geschäftsführer mit Stimmrechten zwischen 25% und 50% Gesellschafter-Geschäftsführer oder beherrschende Gesellschafter-Geschäftsführer sind, ist einzelfallbezogen und hängt von der Gestaltung der Satzung und des Anstellungsvertrages ab. Die Unterscheidung ist für Fragen der verdeckten Gewinnausschüttung (→ *Verdeckte Gewinnausschüttung*) und die Sozialversicherungspflicht (→ *Sozialversicherung*) relevant.

- **Amtsbeginn:** Das Amt eines Geschäftsführers beginnt mit der Kenntnisnahme des Bestellungsbeschlusses des zuständigen Bestellungsorgans und der Annahme dieses Amtes durch ihn. Sie kann auch durch die Aufnahme der Geschäftsführertätigkeiten schlüssig erfolgen.

- **Amtsbeendigung:** → *Beendigung des Geschäftsführerverhältnisses*

- **Geschäftsführung:** Die Geschäftsführung muß nach Gesetz, Satzung und in Übereinstimmung mit den generellen und allgemeinen Weisungen der Gesellschafter erfolgen. Bei Verstößen macht sich der Geschäftsführer schadensersatzpflichtig und gibt – im Wiederholungsfall – Anlaß zur Kündigung des Anstellungsvertrages aus wichtigem Grund. Grenze der Geschäftsführung ist der in der Satzung definierte Unternehmensgegenstand. Da die Gesellschafter die Geschäftsführung weitgehend an sich ziehen können, kann sich der Geschäftsführer einen gewissen Kernbereich an Selbständigkeit nur dadurch sichern, daß er bestimmte Mindestgeschäftsführungrechte im Anstellungsvertrag vereinbart.

- **Vertretung:** Der Geschäftsführer vertritt die Gesellschaft gerichtlich und außergerichtlich *(§ 35 I GmbHG)*, d.h. nur er kann diese berechtigen und verpflichten. Die Art der Vertretungsbefugnis wird von der Gesellschafterversammlung festgelegt und nach § 8 IV GmbHG zum Handelsregister angemeldet. Möglich ist entweder die Einzel- oder die Gesamtvertretung:
  - Bei der Einzelvertretung vertritt der Geschäftsführer die Gesellschaft allein. Er ist in diesem Fall allein verantwortlich und haftet der Gesellschaft auch allein *(§ 43 II GmbHG)*.
  - Bei der Gesamtvertretung kann die Gesellschaft nur von mehreren Geschäftsführern gemeinsam vertreten werden. Die Geschäftsführer haften der Gesellschaft in diesem Fall solidarisch nach § 43 II GmbHG.

  Häufig ist die Vertretungsbefugnis des Geschäftsführers durch die Satzung oder eine Geschäftsordnung beschränkt. Solche Beschränkungen der Vertretungsbefugnis im Innenverhältnis haben nur dann Wirkung gegenüber außenstehenden Dritten, wenn sie diesen positiv bekannt sind *(§ 37 II 1 GmbHG)*. Der Gesellschaft steht aber in diesem Fall bei Eintritt eines Schadens ein Schadensersatzanspruch gegen den Geschäftsführer wegen Mißbrauchs seiner Vertretungsmacht zu.

- **Spezielle Aufgaben:**
  - Der Geschäftsführer muß die Gesellschaft zur Eintragung in das Handelsregister anmelden. Hierbei hat er die Versicherung abzugeben, daß die in § 7 II und III GmbHG bezeichneten Einlagen auf die Stammeinlagen ordnungsgemäß

bewirkt wurden und der Geschäftsführung endgültig zur freien Verfügung stehen *(§ 8 II 1 GmbHG)*. → *Anmeldung der GmbH*

– Der Geschäftsführer hat bei Zahlungsunfähigkeit oder Überschuldung der Gesellschaft ohne schuldhaftes Zögern, spätestens aber drei Wochen nach Insolvenzeintritt, die Eröffnung des Insolvenzverfahrens zu beantragen *(§ 64 GmbHG)*. Die Frist beginnt mit positiver Kenntnis der Insolvenz durch den Geschäftsführer. Bei dem neuen Insolvenzgrund der drohenden Zahlungsunfähigkeit ist der Geschäftsführer berechtigt, nicht aber gesetzlich verpflichtet, einen Antrag auf Eröffnung des Insolvenzverfahrens zu stellen (sog. Innenlösung).

– Der Geschäftsführer muß den Jahresabschluß aufstellen *(§ 264 I HGB)*. → *Jahresabschluß*

– Der Geschäftsführung obliegt die Einberufung der Gesellschafterversammlung *(§ 49 I GmbHG)*. Hierbei kann bei mehreren Geschäftsführern jeder einzelne die Versammlung einberufen.
Die Gesellschafterversammlung muß einberufen werden, wenn dies im Interesse der Gesellschaft erforderlich ist *(§ 49 II GmbHG)*. Ein solches Interesse ist anzunehmen, wenn ohne die Abhaltung einer Versammlung der Gesellschaft ein nicht unerheblicher Schaden droht. Ferner muß die Gesellschafterversammlung einberufen werden, wenn das Stammkapital zur Hälfte aufgezehrt ist *(§ 49 III GmbHG)*; bestehen hierfür Anhaltspunkte, muß sich der Geschäftsführer durch Aufstellung einer Zwischenbilanz Gewißheit verschaffen. Verlangen Gesellschafter, die mindestens 10% des Stammkapitals halten, die Einberufung der Gesellschafterversammlung, so muß der Geschäftsführer diesem Verlangen nachkommen.
Die Satzung kann die Einberufungsbefugnisse des Geschäftsführers erweitern.

• **Entlastung des Geschäftsführers:** → *Entlastung*

• **Faktischer Geschäftsführer:** Übernimmt eine Person Geschäftsführerfunktionen in größerem Umfang, obwohl sie nicht oder nicht wirksam zum Geschäftsführer bestellt wurde, ist sie sog. faktischer Geschäftsführer. Der faktische Geschäftsführer steht dem ordnungsgemäß bestellten Geschäftsführer weitgehend gleich. Er hat Anspruch auf die versprochene und nicht bloß angemessene Vergütung *(BGH GmbHR 95, 306)*. Gleichzeitig haftet der faktische Geschäftsführer aber auch wie ein rechtmäßig bestellter Geschäftsführer. → *Haftung*

- **Pflichtverletzungen:** Der Geschäftsführer ist zur ordnungsgemäßen Geschäftsführung verpflichtet. Läßt er diese Sorgfalt nicht walten und entsteht der GmbH hierdurch ein Schaden, haftet er dieser gemäß § 43 II GmbHG. Die Gesellschafterversammlung beschließt über eine Geltendmachung von Schadensersatzansprüchen gegenüber dem Geschäftsführer *(§ 46 Nr. 8 GmbHG)*.

- **Rechtliche Einordnung des Geschäftsführerverhältnisses:**
  - Zivil- und arbeitsrechtlich ist der Geschäftsführer kein Arbeitnehmer. Damit finden für ihn die Arbeitnehmerschutzvorschriften, insbesondere das Kündigungsschutzgesetz (→ *Kündigung*), keine Anwendung. Rechtsstreitigkeiten werden vor den Zivilgerichten ausgetragen. Eine praktisch wichtige Ausnahme hiervon macht die sog. „Aufsteigerrechtsprechung" des Bundesarbeitsgerichts (→ *Aufsteigerrechtsprechung*).

  - Steuerrechtlich ist der Geschäftsführer Arbeitnehmer i.S.d. § 1 LStDV. Durch die Abhängigkeit von den Weisungen der Gesellschafter übt der Geschäftsführer eine unselbständige Tätigkeit aus und bezieht dadurch Einkünfte aus nicht selbständiger Arbeit i.S.d. § 19 EStG, die regelmäßig der Lohnsteuer unterliegen.

  - Sozialversicherungspflichtig sind nur abhängig beschäftigte Geschäftsführer. Abhängig beschäftigt sind Fremdgeschäftsführer und Gesellschafter-Geschäftsführer. Beherrschende Gesellschafter-Geschäftsführer sind sozialversicherungsfrei.

Geschäftsführervertrag
→ *Anstellungsvertrag*

Geschäftsführungsangelegenheiten der Gesellschafter

Das Gesetz ordnet in § 46 GmbHG bestimmte besonders bedeutsame Geschäftsführungsmaßnahmen zwingend den Gesellschaftern zu. Hierzu zählen:
- die Feststellung des Jahresabschlusses und die Verwendung des Ergebnisses (Nr. 1),
- die Einforderung von Einzahlungen auf die Stammeinlage (Nr. 2),
- die Rückzahlung von Nachschüssen (Nr. 3),
- die Teilung sowie die Einziehung von Anteilen (Nr. 4),
- die Bestellung und die Abberufung von Geschäftsführern sowie die Entlastung derselben (Nr. 5),

– die Maßregeln zur Prüfung und Überwachung der Geschäftsführung (Nr. 6),
– die Bestellung von Prokuristen und von Handlungsbevollmächtigten zum gesamten Geschäftsbetrieb (Nr. 7),
– die Geltendmachung von Ersatzansprüchen der Gesellschaft gegen die Geschäftsführer oder andere Gesellschafter, sowie die Vertretung der Gesellschaft in Prozessen gegen den Geschäftsführer (Nr. 8).

Geschäftsordnung

1. Überblick

Geschäftsordnungen regeln zumeist zwei Bereiche:
- Zum einen legen sie fest, zu welchen Handlungen der Geschäftsführer im Innenverhältnis der vorherigen Zustimmung der Gesellschafterversammlung oder anderer Organe bedarf.
- Zum anderen weist eine Geschäftsordnung bei einer bestehenden Gesamtgeschäftsführung einzelnen Geschäftsführern bestimmte Verantwortungsbereiche zu und regelt die Abstimmung innerhalb der Gesamtgeschäftsführung.

Eine Delegation von Verantwortungen auf einzelne Geschäftsführer im Rahmen einer Geschäftsordnung hat üblicherweise zur Folge, daß diesbezügliche Maßnahmen von den einzelnen Geschäftsführern allein getroffen werden können und nur Maßnahmen einer bestimmten Größenordnung von allen Geschäftsführern gemeinsam entschieden werden müssen.

2. Einzelfragen

- **Veränderung:** Regelt die Satzung die Verteilung der Verantwortungen innerhalb der Geschäftsführung, bedarf eine Veränderung eines notariell beurkundeten satzungsändernden Gesellschafterbeschlusses. Eine außerhalb der Satzung bestehende Geschäftsordnung kann durch einfachen Gesellschafterbeschluß jederzeit geändert werden.

- **Haftung:** Trotz Aufteilung der Verantwortung haftet der einzelne Geschäftsführer für die Fehler der anderen Geschäftsführer (→ *Haftung*). Jeder Geschäftsführer muß sich stets über die bedeutenden Vorgänge seiner Mitgeschäftsführer informieren und beim Verdacht eines möglichen Schadens für die GmbH sofort die erforderlichen Maßnahmen treffen.

Geschäftswagen
→ *Dienstwagen*

Gesellschafter

1. Überblick
Die Willensbildung der Gesellschaft geschieht durch die Gesamtheit aller Gesellschafter und findet üblicherweise in der Form von Gesellschafterbeschlüssen in der Gesellschafterversammlung statt.

2. Einzelfragen
- **Rechte der Gesellschafter:** Dem einzelnen Gesellschafter stehen nur sehr begrenzte Rechte zur Verfügung: Hierunter fällt das Recht auf Auskunft und Einsichtnahme (→ *Auskunfts- und Einsichtsrecht*) und die Erhebung der Anfechtungs-, Feststellungs- und Nichtigkeitsklage gegen Gesellschafterbeschlüsse (→ *Anfechtung von Gesellschafterbeschlüssen*).
Gesellschafter, die mindestens 10% des Stammkapitals halten, können weiterhin unter der Angabe des Zwecks und der Gründe die Einberufung der Gesellschafterversammlung verlangen und auch nachträglich zu behandelnde Punkte auf der Tagesordnung erzwingen.
Weiterhin kann diese Minderheit im Falle der Liquidation der Gesellschaft bei Vorliegen von wichtigen Gründen die Bestellung eines Liquidators durch das Gericht beantragen *(§ 66 II GmbHG)* und ferner Auflösungsklage nach § 61 GmbHG erheben, wenn die Erreichung des Gesellschaftszwecks unmöglich geworden ist.
Die Satzung kann einzelnen Gesellschaftern oder Gesellschafterminderheiten weitere Rechte einräumen.

- **Ansprüche der Gesellschafter:** Die Gesellschafter haben ein Recht auf die Auskehrung des Gewinns oder im Fall der Liquidation des Liquidationserlöses. Dem Gesellschafter steht jedoch kein bedingungsloses Recht auf Ausschüttung des Gewinns zu, da diese Entscheidung von einem entsprechenden Gesellschafterbeschluß der Gesellschafterversammlung abhängig ist.
Verhindert hierbei eine Gruppe von Gesellschaftern die Gewinnausschüttung ohne die Vorgabe eines wichtigen Grundes, so kann dies treuwidrig sein.
Ein Gesellschafter kann nicht dazu verpflichtet werden, ausgeschüttete Gewinne als Darlehen oder als Einlage bei einer Kapitalerhöhung der Gesellschaft sofort wieder zukommen zu lassen, da der Gesellschafter nicht zu einer Leistung verpflichtet werden kann, die nicht von Anfang an vereinbart wurde.

- **Weitere Rechte und Pflichten der Gesellschafter:** Die Gesellschafter sind der Gesellschaft gegenüber zur Treue verpflichtet. Damit dürfen sie ihr Stimmrecht nicht zum Nachteil der Gesellschaft ausüben. Auch eine Benachteiligung einer Minderheit der Gesellschafter durch einen Mehrheitsentscheid kann treuwidrig sein. Gegenüber Außenstehenden sind die Gesellschafter zur Verschwiegenheit verpflichtet.
Erhält der Gesellschafter aus dem Gesellschaftsvermögen ihm nicht zustehende Leistungen, so muß er diese rückerstatten *(§ 31 GmbHG).*
→ *Haftung der Gesellschafter*

Gesellschafter-Geschäftsführer
→ *Verdeckte Gewinnausschüttung*
→ *Geschäftsführer*

Gesellschafterversammlung
→ *Beschlußfassung der Gesellschafter*

Gesellschaftsvertrag (Satzung)

1. Überblick
Die Satzung ist die Konstitution der Gesellschaft. Sie ist für Gesellschafter und Geschäftsführer bindend. Die Regelungen der Satzung gehen mit Ausnahme weniger zwingender Bestimmungen den Regelungen des GmbH-Gesetzes vor. Der Abschluß und die Änderung der Satzung bedürfen zu ihrer Wirksamkeit der notariellen Beurkundung und der Eintragung ins Handelsregister.

2. Einzelfragen
- **Notwendige Bestandteile:** Die Satzung ist zwingend notwendig zur Gründung einer GmbH. Zur Wirksamkeit der Satzung muß die notarielle Form eingehalten werden *(gem. § 2 I GmbHG).* § 3 I GmbHG schreibt einen Mindestinhalt vor. Geregelt sein müssen:
  – Firma,
  – Sitz,
  – Gegenstand des Unternehmens,
  – Betrag des Stammkapitals und
  – Beträge der Stammeinlagen.

- **Weitere Bestandteile:** Daneben können Regelungen im weitestem Umfang in die Satzung aufgenommen werden. Nebenleistungspflichten der Gesellschafter – Entsprechendes gilt für die Nachschußpflicht – gem. § 26 I GmbHG sollten ausdrücklich in der Satzung geregelt werden.
Ganz allgemein gilt, daß die Organisation der Gesellschaft und die mitgliedschaftlichen Rechte und Pflichten der Gesellschafter aufgrund der wenig zwingenden Vorschriften in der Satzung umfassend geregelt werden können. In der Satzung können z.B. Vorzugsrechte bestimmter Gesellschafter oder die Beschränkung für die Veräußerung von Anteilen (sog. Vinkulierung) bestimmt werden.

- **Satzungsänderung:** Im Falle der Satzungsänderung der GmbH ist ein mit einer qualifizierten Mehrheit gefaßter Gesellschafterbeschluß notwendig. Dieser muß notariell beurkundet werden gem. § 53 GmbHG und bedarf zu seiner Wirksamkeit der Eintragung ins Handelsregister gem. § 54 GmbHG. Zur Anmeldung zum Handelsregister ist es notwendig, daß der vollständige Wortlaut der Satzung mit notarieller Bescheinigung über den aktuellen Stand beigefügt wird.

GmbH & Co. KG

1. Überblick

Die Rechtsform der GmbH & Co. KG kombiniert die Vorteile einer Personengesellschaft (der KG) mit denen einer Kapitalgesellschaft (der GmbH). Die KG ist die operative Gesellschaft. Sie hat mindestens zwei Gesellschafter, von denen einer persönlich mit seinem gesamten Vermögen haftet (Komplementär), der andere nur bis zur Höhe seiner Hafteinlage (Kommanditist). Bei der GmbH & Co. KG tritt die GmbH an die Stelle des persönlich haftenden Gesellschafters; da die GmbH haftungsbeschränkt ist, wird dadurch indirekt auch eine Haftungsbeschränkung der KG erreicht.

2. Einzelfragen

- **Formalien:** Die Errichtung der GmbH & Co. KG bedarf jeweils eines separaten Gesellschaftsvertrages für die KG und die GmbH. Beide Gesellschaften müssen zum Handelsregister angemeldet werden und sind jeweils zur Erstellung eines Jahresabschlusses verpflichtet.
Eine typische GmbH & Co. KG liegt vor, wenn die Kommanditisten der KG zugleich die an der GmbH beteiligten Gesellschafter sind.
Eine Einheitsgesellschaft liegt vor, wenn die Anteile an der GmbH von der KG gehalten werden.

Zu beachten ist, daß die Firma den Zusatz GmbH & Co. KG benutzen muß und sich die Firma der GmbH deutlich von der der KG zu unterscheiden hat.

- **Geschäftsführung/Vertretung:** Kraft Gesetzes obliegt die Geschäftsführung und Vertretung der KG der Komplementärin, d.h. der GmbH. Da die GmbH von den Geschäftsführern vertreten wird, wird die KG indirekt von den GmbH-Geschäftsführern geführt.

Die GmbH kann aber durch Gesellschaftsvertrag von der Geschäftsführung ausgeschlossen werden. Einzelne Kommanditisten oder auch sämtliche werden dann entsprechend zu Geschäftsführern ernannt. Im Außenverhältnis vertreten die Geschäftsführer die KG als Prokuristen oder Generalbevollmächtigte. Den Geschäftsführern muß zwingend eine Vollmacht erteilt werden, denn die Kommanditisten sind prinzipiell von der Vertretung ausgeschlossen.

- **Steuerliche Aspekte:** Die GmbH & Co. KG wird steuerlich wie eine Personengesellschaft angesehen. Es erfolgt eine einheitliche Gewinnfeststellung. Diese wird ermittelt anhand der Handelsbilanz und den Sonderbetriebseinnahmen der Gesellschafter. Diese Art der Besteuerung gilt auch dann, wenn die GmbH & Co. KG wie eine Publikumsgesellschaft ausgestaltet ist und somit eher einer Aktiengesellschaft ähnelt.

3. Tips und Beispiele

Aus Sicht des Geschäftsführers ist es geschickt, trotz Geschäftsführeramtes bei der GmbH den Anstellungsvertrag mit der KG abzuschließen. Da die KG keine Geschäftsführer im eigentlichen Sinn hat, ist der Anstellungsvertrag damit rechtlich ein Arbeitsvertrag. Der Geschäftsführer unterliegt sämtlichen Arbeitnehmerschutzrechten, insbesondere hat er Kündigungsschutz.

Die Konstruktion einer GmbH & Co. KG ist sicherlich vorteilhaft, weil die wirtschaftlichen Risiken überschaubar und somit kalkulierbar sind. Andererseits werden Banken die Bereitstellung finanzieller Mittel regelmäßig von der Stellung weiterer Sicherheiten abhängig machen.

Gratifikation

Gratifikationen stellen freiwillige Leistungen dar, auf die grundsätzlich kein Anspruch besteht. Ausnahmsweise kann abweichend ein Anspruch bestehen und

zwar, wenn Gratifikationen wiederholt und vorbehaltlos gewährt wurden und deshalb eine Bindung für die Zukunft angenommen werden durfte. Der Geschäftsführer kann nicht deshalb einen Anspruch auf eine Gratifikation geltend machen, weil Gratifikationen bei der Belegschaft der Gesellschaft üblich sind.
→ *Tantieme*
→ *Weihnachtsgeld*

Große GmbH

Je nach der Größe der GmbH bestehen unterschiedliche gesetzliche Anforderungen an den Jahresabschluß der Gesellschaft (→ *Jahresabschluß*).
Eine Gesellschaft ist eine große GmbH, wenn mindestens zwei der folgenden Größen überschritten sind:
• Die Bilanzsumme entspricht mindestens DM 21.240.000.
• Die Umsatzerlöse betragen mindestens DM 42.480.000.
• Die Zahl der Arbeitnehmer beträgt im Jahresdurchschnitt mehr als 250.

Haftung

Eine Haftung kann sich unter drei Gesichtspunkten ergeben:
a) Zum einen die Haftung der Gesellschaft,
b) zum anderen die Haftung der Gesellschafter und letztlich
c) die Haftung des Geschäftsführers.

a) Haftung der Gesellschaft

1. Überblick

Die Haftung der Gesellschaft für sämtliche Gesellschaftsschulden ist nach § 13 II GmbH auf das Gesellschaftsvermögen beschränkt. Die GmbH ist primäre Schuldnerin, denn sie wird Vertragspartnerin. Dies gilt selbst dann, wenn der Name des Vertreters und der Firmenname der GmbH gleich lauten und dabei der Vertreter keinen die Vertretung klarstellenden Zusatz verwendet. Denn meist weisen besondere Umstände daraufhin, daß die GmbH Vertragspartnerin werden soll, z.B. durch die Verwendung des Briefbogens der GmbH (sog. unternehmensbezogenes Geschäft).

Stellt die bei Vertragsschluß bezeichnete Firma des Vertragspartners eine Fehlbezeichnung dar, so kommt dennoch ein wirksamer Vertrag zustande und zwar mit dem unter der falschen Bezeichnung auftretenden Unternehmen. Dies ergibt sich daraus, daß der Vertragspartner den Vertrag mit demjenigen abschließen will, mit dem er auch konkret verhandelt hat. Eine Ausnahme liegt vor, wenn der Vertragspartner die konkrete Vorstellung gehabt hat, mit einem ganz anderen Unternehmen zu verhandeln als demjenigen, welches unter der Fehlbezeichnung aufgetreten ist.

2. Einzelfragen

- **Vertragliche Haftung der Gesellschaft:** Kommt es im Rahmen der Vertragsabwicklung zu einer Pflichtverletzung, woraus der anderen Vertragspartei ein Schaden entsteht, haftet die GmbH für das Verschulden ihrer Geschäftsführer und sonstigen Angestellten über § 278 BGB, ohne daß sich die GmbH, anders als bei der deliktischen Haftung gem. § 831 BGB, von einer Schuld befreien könnte.

- **Deliktische Haftung der Gesellschaft:** Begeht ein Geschäftsführer oder ein Angestellter der GmbH eine unerlaubte Handlung, haftet die GmbH unter bestimmten Voraussetzungen auch für diese.
Hat ein Organ, z.b. der Geschäftsführer der GmbH, eine unerlaubte Handlung begangen, muß sich die GmbH dieses Fehlverhalten über § 31 BGB zurechnen lassen. Die GmbH kann, um eine Haftung zu vermeiden, sich nicht darauf berufen, daß sie bei ihrer Auswahl und Überwachung die notwendige Sorgfalt hat walten lassen. Eine Haftung kommt aber dann nicht mehr in Betracht, wenn die begangene unerlaubte Handlung soweit außerhalb des Aufgabenkreises des Organs liegt, daß zwischen der vorgenommenen Handlung und der zugewiesenen Aufgabe kein Zusammenhang mehr besteht.
Wird die GmbH von mehreren Geschäftsführern geleitet und besteht Gesamtvertretungsmacht, ist es ausreichend, wenn ein Geschäftsführer die unerlaubte Handlung begangen hat, um eine Haftung der GmbH zu begründen.
Eine Haftung der GmbH soll nach der Rechtsprechung des BGH aber dann nicht in Betracht kommen, wenn der Geschäftsführer während seiner Zeit in der Gesellschaft durch Vorbereitungshandlungen eine spätere unerlaubte Handlung (z.B. eine Unterschlagung) durch Dritte lediglich ermöglichte *(BGH GmbHR 1987, 227).*

Wurde die unerlaubte Handlung durch einen Angestellten begangen, kommt eine Haftung über § 831 BGB in Betracht. Bei § 831 BGB besteht aber die Möglichkeit, daß sich die Gesellschaft exkulpieren kann, d.h. von der Schuld befreien kann, wenn ihr der Nachweis gelingt, daß sie in Auswahl und Überwachung die notwendige Sorgfalt hat walten lassen.
Bei großen Betrieben ist zu berücksichtigen, daß der konkrete Nachweis häufig nicht möglich sein wird, weshalb die Rechtsprechung es genügen läßt, daß die Gesellschaft den Nachweis erbringt, daß sie ihrerseits eine Person ordnungsgemäß ausgewählt hat, die einen bestimmten Bereich kontrolliert, worunter auch die Kontrolle der entsprechenden Mitarbeiter fällt (sog. dezentralisierter Entlastungsbeweis). Dennoch ist dann immer eine Haftung aus Organisationsverschulden in Erwägung zu ziehen, weil der Betrieb nicht ordnungsgemäß organisiert wurde.

b) Haftung der Gesellschafter

1. Überblick
Die Gesellschafter sind für die Kapitalausstattung der Gesellschaft und in gewissen Teilen auch für deren ordnungsgemäße Führung verantwortlich. Die Verletzung dieser Pflichten führt zu Haftungsrisiken.

Eine persönliche Haftung der Gesellschafter besteht grundsätzlich nicht; abgesehen davon, wenn der einzelne Gesellschafter selbst eine unerlaubte Handlung begeht. Teilweise wird aber darüber hinaus versucht, unter dem Schlagwort „Durchgriffshaftung" eine persönliche Haftung der Gesellschafter zu konstruieren. Die Rechtsprechung begegnet diesen Versuchen allerdings mit großer Zurückhaltung.
Auch im Falle einer Unterkapitalisierung, die vorliegt, wenn die Eigenkapitalausstattung der Gesellschaft einschließlich der eigenkapitalersetzenden Leistungen so mangelhaft ist, daß ein wirtschaftlicher Mißerfolg unmittelbar absehbar ist, wird der Gesellschafter nicht persönlich in Anspruch genommen. Eine persönliche Haftung der Gesellschafter allein aufgrund einer solchen Lage anzunehmen, begegnet schon deswegen Bedenken, weil die Frage der Unterkapitalisierung ein schwer zu bestimmendes Tatbestandsmerkmal ist. Die Rechtsprechung greift in solchen Fällen richtigerweise auf den § 826 BGB zurück, um eine persönliche Haftung der Gesellschafter anzunehmen *(BGHZ 55, 222)*.
Wird die GmbH durch einen Gesellschafter beherrscht, ändert das nichts an den grundsätzlichen Haftungsverhältnissen *(BGHZ 68, 312)*. Gleiches gilt für den Fall des Alleingesellschafter-Geschäftsführers.
Eine persönliche Haftung wird aber dann angenommen, wenn es zu einer Vermögensvermischung von Gesellschafter- und Gesellschaftsvermögen kommt. Das ist dann der Fall, wenn eine Unterscheidung von Gesellschafts- und Gesellschaftervermögen durch eine undurchsichtige Buchführung verschleiert wird. Allerdings ist zu beachten, daß nicht alle Gesellschafter der GmbH persönlich haften, sondern nur derjenige Gesellschafter, der für die Vermögensvermischung verantwortlich ist *(BGH ZIP 1994, 867)*. Eine weitere persönliche Haftung wird in § 11 II GmbHG ausgesprochen (Handelndenhaftung).

2. Einzelfragen

- **Haftung für ausstehende Einlagen:** Die Gesellschafter müssen ihre Stammeinlagen erbringen. Sie haften der Gesellschaft für die Erfüllung der von ihnen übernommenen Stammeinlagen. Wird die ausstehende Einlage vom Gesellschafter bei Fälligkeit nicht oder nur teilweise geleistet, so ist er ferner zu Verzugszinsen verpflichtet *(§ 20 GmbHG)*. Darüber hinaus kann er von der Gesellschaft auf Schadensersatz in Anspruch genommen werden oder sogar aus der Gesellschaft ausgeschlossen werden *(§ 21 GmbHG)*.

- **Haftung für ausgezahltes Stammkapital:** Erbringt die Gesellschaft an einen Gesellschafter eine Leistung, die das Stammkapital verringert, muß diese Leistung von dem betreffenden Gesellschafter erstattet werden *(§§ 30, 31 GmbHG)*. Unter Umständen steht der Gesellschaft auch ein Schadensersatzanspruch gegen den Gesellschafter zu.

- **Differenzhaftung:** Wird die Gesellschaft im Wege der Sachgründung errichtet und erreicht der Wert einer Sacheinlage im Zeitpunkt der Anmeldung der Gesellschaft zum Handelsregister nicht den Betrag der Stammeinlage, so hat der Gesellschafter in Höhe des Fehlbetrags eine Einlage in Geld zu leisten *(§ 9 I GmbHG)*. Sacheinlage ist hierbei jede nach § 5 IV GmbHG festgelegte Einlageleistung, die nicht in Geld erfolgt. Hierunter fällt auch die Sachübernahme mit Verrechnungsabrede *(§ 19 Abs. 5 GmbHG)*.

- **Gründungshaftung:** Bei falschen Angaben im Rahmen der Anmeldung der GmbH *(→ Anmeldung der GmbH)* haben die Gesellschafter der Gesellschaft für sämtliche Schäden Ersatz zu leisten *(§ 9a I GmbHG)*. Falsche Angaben sind hierbei sowohl unvollständige, als auch unterlassene Angaben. Voraussetzung für die Gründungshaftung ist immer ein schuldhaftes Handeln der in Anspruch genommenen Person, bzw. die Vernachlässigung der Sorgfaltspflichten eines ordentlichen Kaufmanns. Ein Verschulden wird hierbei bis zum Beweis des Gegenteils vermutet *(§ 9a III GmbHG)*. Ferner drohen den Gesellschaftern nach § 82 I Nr. 1 GmbHG Geldstrafe und bis zu drei Jahren Freiheitsstrafe im Fall des sog. „Gründungsschwindels", wenn sie vorsätzlich falsche Angaben machen, um eine entsprechende Eintragung zu bewirken.

- **Haftung für pflichtwidrige Weisungen:** Weist ein Gesellschafter den Geschäftsführer pflichtwidrig an, haftet der Gesellschafter der Gesellschaft auf Schadensersatz. Ferner haftet der Gesellschafter der Gesellschaft, wenn er übernommene Nebenpflichten schuldhaft verletzt und der Gesellschaft hierdurch ein Schaden entstanden ist.

- **Handelndenhaftung:** Für Rechtshandlungen im Namen der Gesellschaft haften nach § 11 II GmbHG vor Eintragung der Gesellschaft ins Handelsregister die Handelnden persönlich. Vor Eintragung ins Handelsregister wird die GmbH gesetzlich entweder durch alle Gesellschafter oder durch von allen Gesellschaftern Bevollmächtigte vertreten.

- **Anspruchsberechtigter:** Anspruchsberechtigt ist die Gesellschaft. Auf Gründungshaftung gestützte Ansprüche bedürfen eines vorherigen Gesellschafterbeschlusses *(§ 46 Nr. 8 GmbHG)*. Vereitelt der schadensersatzpflichtige Gesellschafter oder die Mehrheit der Gesellschafter einen solchen Beschluß, so kann der einzelne Gesellschafter im eigenen Namen auf Leistung an die Gesellschaft klagen (sog. actio pro socio) *(BGHZ 65, 15)*.

c) Haftung des Geschäftsführers

1. Überblick
Die persönliche Haftung des Geschäftsführers kann sich unter verschiedenen Gesichtspunkten ergeben: Der Geschäftsführer ist für die Leitung der GmbH im Innen- und im Außenverhältnis verantwortlich. Bei seiner Haftung ist dementsprechend zwischen der Haftung gegenüber der Gesellschaft einerseits (Innenhaftung) und der Haftung gegenüber Dritten, z.b. Gläubigern, Vertragspartnern oder dem Staat, andererseits (Außenhaftung) zu unterscheiden.

2. Einzelfragen
- Haftung nach § 43 GmbHG: Der Geschäftsführer hat in den Angelegenheiten der Gesellschaft die Sorgfalt eines ordentlichen Geschäftsmannes anzuwenden *(§ 43 I GmbHG)*. Dabei werden die erforderlichen Kenntnisse und Fähigkeiten unterstellt. Verletzt ein Geschäftsführer schuldhaft die Obliegenheiten aus dem Anstellungsvertrag oder nach dem GmbHG, haftet er der Gesellschaft gegenüber für den entstandenen Schaden.
Die Haftung aus § 43 GmbHG verjährt in fünf Jahren *(§ 43 IV GmbHG)*. Bei mehreren Geschäftsführern haftet nur derjenige, der selbst pflichtwidrig gehandelt hat. Jeder einzelne von mehreren Geschäftsführern hat jedoch zumindest eine Überwachungspflicht. Durch eine interne Geschäftsaufteilung, z.B. durch Schaffung eines Ressortprinzips, kann die Haftung nicht vermieden werden; der danach nicht zuständige Geschäftsführer kann jedoch nur für eine Verletzung der Überwachungspflicht verantwortlich gemacht werden. Zu den Geschäftsführerpflichten gehören z.B.:
– die ordnungsgemäße Buchführungs- und Bilanzpflicht
– die ordnungsgemäße Anmeldung von Satzungsänderungen
– die Einforderung von Nachschüssen
– die rechtzeitige Stellung des Insolvenzantrags.

Die Beweislast wird nach Gefahrenkreisen und Beweisnähe aufgeteilt. Demnach trägt die Gesellschaft die Beweislast für den Schaden und Kausalzusammenhang des Geschäftsführerverhaltens, während vom Geschäftsführer der Beweis zu führen ist, daß sein Handeln nicht schuldhaft war.

Die in § 43 I und II GmbHG ausgesprochene Haftung ist dispositiv, d.h. rechtlich vorgeschrieben, aber nicht zwingend. Nicht dagegen die des § 43 III GmbHG. Der Geschäftsführer kann damit seine Haftung grundsätzlich einschränken. Voraussetzung ist jedoch, daß die eingeschränkte Haftung in der Satzung festgelegt wurde. Die Haftung des Geschäftsführers kann dagegen nicht durch einfachen Gesellschafterbeschluß oder durch den Anstellungsvertrag eingeschränkt werden.
Der Geschäftsführer handelt pflichtwidrig, wenn er Maßnahmen ergreift, die die Erreichung des Unternehmensziels erschweren bzw. verhindern. Ein pflichtwidriges Verhalten ist noch nicht allein darin zu sehen, daß ein Verstoß gegen Kapitalerhaltungsvorschriften gem. §§ 30, 31 GmbHG vorliegt. Dagegen liegt zweifelsfrei ein pflichtwidriges Verhalten des Geschäftsführers bei unzulässigen Geschäften vor. In diesem Zusammenhang treten zuweilen Abgrenzungsschwierigkeiten zu den riskanten Geschäften auf. Diese sind nicht von Natur aus unzulässig, es sei denn, eine akzeptable Risikoschwelle wird überschritten. Ein unzulässiges Geschäft liegt jedenfalls dann vor, wenn das Scheitern des Geschäfts die Existenz der GmbH aufs Spiel setzen würde.
Der Sorgfaltsmaßstab bestimmt sich nach objektiven Kriterien. Danach kann der Geschäftsführer nicht zu seiner Entlastung vortragen, daß er mit der übertragenen Aufgabe überfordert sei oder daß ihm die persönliche Qualifikation fehle. Unter Umständen trifft in einem solchen Fall jedoch die Gesellschaft bzw. die Gesellschafter ein Mitverschulden. Denn wenn ihnen bekannt war, daß der Geschäftsführer mit der übertragenen Aufgabe überfordert war, hätten sie die betreffende Person nicht zum Geschäftsführer bestellen dürfen.
Auch wenn der Geschäftsführer zugleich Gesellschafter ist, damit am Kapital der Gesellschaft beteiligt ist und zudem maßgeblichen Einfluß auf die Gesellschaft ausüben kann oder gewinn- bzw. umsatzabhängige Tantieme erhält, ändert das nichts am Umfang des Sorgfaltsmaßstabes oder dem Umfang der Haftung.
Der Geschäftsführer ist verpflichtet, den eingetretenen Schaden zu ersetzen. Ist durch das pflichtwidrige Verhalten des Geschäftsführers ein Schaden bei einer Tochtergesellschaft entstanden, ist der Geschäftsführer verpflichtet, den Schaden bei dieser Gesellschaft auszugleichen, es sei denn die Muttergesellschaft hat den Schaden bereits ersetzt. Dann kann sich die Muttergesellschaft an den Geschäftsführer halten.
Sind mehrere Geschäftsführer vorhanden, kommt es unter Umständen zu einer gesamtschuldnerischen Haftung, sofern jeder Geschäftsführer für sich die Voraussetzungen des § 43 GmbHG erfüllt. Ferner haften die Geschäftsführer gemeinschaftlich, wenn zwar nur einer von ihnen die pflichtwidrige Handlung vorgenommen hat und der andere in diesem Kontext seine Überwachungspflicht gegenüber dem Mitgeschäftsführer verletzt hat.

Obwohl der Geschäftsführer pflichtwidrig handelte, kommt es dennoch nicht zu einer Haftung, sofern der Geschäftsführer aufgrund einer für ihn bindenden Weisung eines anderen Organs gehandelt hat. Sollte der Gesellschafterbeschluß nichtig sein, kommt eine Freistellung des Geschäftsführers nicht in Betracht. Der Geschäftsführer kann aber eventuell den Einwand des arglistigen Verhaltens erheben, womit auch eine Haftung zu verneinen wäre. Voraussetzung ist allerdings, daß die Gesellschafterversammlung bewußt einen nichtigen Gesellschafterbeschluß erlassen hat.

Der Geschäftsführer ist in jedem Fall aber verpflichtet, anfechtbare Gesellschafterbeschlüsse auszuführen. In keinem Fall besteht eine Haftung des Geschäftsführers, wenn er den Beschluß erst, nachdem er unanfechtbar wurde, ausführt. Häufig wird der Geschäftsführer nicht warten können, bis der Beschluß unanfechtbar wird. Führt der Geschäftsführer den Beschluß nach reiflicher Abwägung vorher aus und wird dieser dennoch angefochten, entfällt unter Umständen das Verschulden des Geschäftsführers.

- **Haftung für ausgezahltes Stammkapital:** Der Geschäftsführer haftet der Gesellschaft gegenüber neben den Gesellschaftern nach den Grundsätzen der Haftung für ausgezahltes Stammkapital. → *Haftung der Gesellschafter*

- **Differenzhaftung:** Der Geschäftsführer haftet der Gesellschaft gegenüber neben den Gesellschaftern nach den Grundsätzen der Differenzhaftung. → *Haftung der Gesellschafter*

- **Gründungshaftung:** Der Geschäftsführer haftet neben den Gesellschaftern der Gesellschaft gegenüber nach den Grundsätzen der Gründungshaftung. → *Haftung der Gesellschafter*

- **Handelndenhaftung:** Der Geschäftsführer haftet der Gesellschaft gegenüber nach den Grundsätzen der Handelndenhaftung *(→ Haftung der Gesellschafter)*. Hat er den Geschäftsbetrieb auf Weisung aller Gesellschafter vor Eintragung der GmbH aufgenommen und wird er von Gesellschaftsgläubigern persönlich in Anspruch genommen, so steht ihm ein Erstattungsanspruch gegen die Gesellschaft zu *(BGHZ 86, 122)*.

- **Haftung in der Insolvenz:** → *Insolvenz*

- **Haftung wegen unterlassener Aufklärung:** Erweckt der Geschäftsführer gegenüber einem Vertragspartner der Gesellschaft ein besonderes Vertrauen auf die Leistungsfähigkeit der Gesellschaft, haftet er diesem gegenüber persönlich *(BGH GmbHR 1994, 464).*

- **Haftung für nicht abgeführte Steuern:** Der Geschäftsführer haftet der Finanzverwaltung gegenüber persönlich für Steuerschulden, soweit Ansprüche aus dem Steuerschuldverhältnis infolge vorsätzlicher oder grob fahrlässiger Verletzung der ihnen obliegenden Pflichten nicht oder nicht rechtzeitig festgesetzt oder erfüllt werden *(§ 69 AO).*

- **Haftung für nicht abgeführte Sozialversicherungsbeiträge:** Der Geschäftsführer haftet den Sozialversicherungsträgern gegenüber persönlich für die richtige und rechtzeitige Abführung der Sozialversicherungsbeiträge *(§§ 823 II BGB i.V.m. 266a I StGB).*

- **Rechtsscheinhaftung:** Zum Schutz des redlichen Geschäftsverkehrs stützt man sich nicht immer auf die wirkliche Rechtslage, sondern auf die Redlichkeit des Geschäftspartners, der mit den ihm dargestellten Umständen vertraut ist.

– **Persönliche Haftung des Geschäftsführers:** Tritt ein Geschäftsführer im Rechtsverkehr auf, so daß der Eindruck entsteht, dieser hafte persönlich, muß er diesen Rechtsschein gegen sich gelten lassen *(BGH GmbHR 1991, 360).* Der in der Praxis häufigste Fall ist das Zeichnen für die Gesellschaft ohne den durch § 4 II GmbHG vorgeschriebenen Rechtsformzusatz.

– **Verpflichtung der Gesellschaft:** Die Gesellschaft wird auch dann wirksam verpflichtet, wenn der Anstellungsvertrag nichtig sein sollte, denn sie haftet aufgrund eines zurechenbaren Rechtsscheins, sofern der Geschäftsführer im Handelsregister eingetragen war. Durch die Eintragung des Geschäftsführers ins Handelsregister hat die Gesellschaft einen zurechenbaren Rechtsschein gesetzt, worauf sich Dritte verlassen können, es sei denn der Dritte hatte positive Kenntnis von der wahren Rechtslage. Die Rechtsscheinhaftung der Gesellschaft besteht auch dann, wenn der Geschäftsführer geschäftsunfähig ist.

– Besonders sollte der Gesellschafter-Geschäftsführer, der Alleingesellschafter ist, darauf achten, daß er bei allen Geschäften deutlich auf die beschränkte Haftung der GmbH hinweist. Vor allem in Fällen, in denen sich die Gesellschaft in einer wirtschaftlichen Krise befindet.

– **Erteilung von Vollmachten:** Werden schriftlich Vollmachten erteilt, sollte grundsätzlich beachtet werden, Generalvollmachten nur sehr begrenzt zu erteilen. Zumindest muß darauf geachtet werden, daß diese wieder zurückgegeben werden. Wird Vollmacht zu bestimmten Rechtshandlungen erteilt, muß der Umfang der Befugnis in der Vollmacht möglichst genau fixiert werden. Selbst wenn dann der Fall eintreten sollte, daß die Vollmacht das Rechtsgeschäft nicht deckt, ist das Rechtsgeschäft zunächst schwebend unwirksam. Es kann aber nachträglich genehmigt werden, so daß die Risiken gering sind.

- **Haftung wegen Gesetzesverletzung:** Verletzt der Geschäftsführer Strafgesetze oder sonstige Vorschriften, die speziell den Schutz Dritter bezwecken, haftet er den Geschädigten gegenüber persönlich für den dadurch entstandenen Schaden.

- **Produkthaftung:** → *Produkthaftung*

3. Tips und Beispiele

Zur Minimierung des Haftungsrisikos sollte der Geschäftsführer versuchen, im Anstellungsvertrag seine Haftung der Gesellschaft gegenüber auf grobe Fahrlässigkeit und Vorsatz zu beschränken.

Handelsregister

1. Überblick

Das Handelsregister wird beim örtlichen Amtsgericht geführt und kann von jedermann eingesehen werden. Das Handelsregister genießt öffentlichen Glauben, d.h. der Einsehende kann sich auf die Richtigkeit der eingetragenen Tatsachen verlassen.

2. Einzelfragen

- **Zuständigkeit:** Der Geschäftsführer ist dafür verantwortlich, daß er die eintragungspflichtigen Tatsachen, die ihn und die Gesellschaft betreffen, zur Eintragung ins Handelsregister anmeldet. Bei einer schuldhaft unterlassenen oder fehlerhaften Eintragung können von der Gesellschaft und Dritten Schadensersatzansprüche gegen den Geschäftsführer geltend gemacht werden.

- **Form:** Anmeldungen zum Handelsregister sind in notariell beglaubigter Form vorzunehmen *(§ 12 HGB)*.

- **Eintragungspflichtige Tatsachen:** Einzutragen sind die Gründung der Gesellschaft sowie nachfolgende Satzungsänderungen. Diese werden erst mit Eintragung wirksam. Daneben ist die Bestellung der Geschäftsführer und Prokuristen, deren Abberufung sowie eine Änderung ihrer Vertretungsverhältnisse ins Handelsregister einzutragen. Diese letzteren Maßnahmen werden allerdings schon vor der Eintragung mit Abfassung des zugrunde liegenden Gesellschafterbeschlusses (bei Prokuristen der Geschäftsführungsmaßnahme) wirksam. Der Anmeldung sind die zugrunde liegenden Urkunden in Urschrift oder öffentlich beglaubigter Abschrift beizufügen *(§ 39 II GmbHG)*. Die Kosten der Eintragung trägt die Gesellschaft *(Urteil des OLG Düsseldorf GmbHR 55, 61).*

I, J

Insichgeschäft
→ *Selbstkontrahieren*

Insolvenz

1. Überblick
Ist die Gesellschaft zahlungsunfähig oder überschuldet, muß der Geschäftsführer ohne schuldhaftes Zögern, spätestens aber drei Wochen ab positiver Kenntnis des Eintritts dieser Umstände gemäß § 64 I (§ 63 II bei mehreren Geschäftsführern), die Eröffnung des Insolvenzverfahrens beim örtlichen Amtsgericht beantragen. Droht Zahlungsunfähigkeit, kann (aber muß nicht) der Geschäftsführer die Insolvenz beantragen und so aus eigener Initiative versuchen, das Gesellschaftsvermögen für die Sanierung vor dem Zugriff von Gläubigern zu sichern.

2. Einzelfragen
- **Zahlungsunfähigkeit:** Die Gesellschaft ist zahlungsunfähig, wenn sie voraussichtlich dauernd nicht mehr in der Lage ist, ihre fälligen Schulden aus bereitstehenden Mitteln zu tilgen. Dies wird insbesondere angenommen, wenn Zahlungseinstellung erfolgt *(§ 17 InsO)*.

- **Drohende Zahlungsunfähigkeit:** Neu ist nach der InsO, im Gegensatz zur Konkursordnung, daß für eine Insolvenzeröffnung auch die drohende Zahlungsunfähigkeit gem. § 18 InsO ausreicht. Drohende Zahlungsunfähigkeit liegt vor, wenn die Gesellschaft voraussichtlich nicht in der Lage sein wird, die bestehenden Zahlungsverpflichtungen im Zeitpunkt der Fälligkeit zu erfüllen.

- **Überschuldung:** Die Gesellschaft ist überschuldet, wenn die bestehenden Verbindlichkeiten nicht durch entsprechendes Vermögen der Gesellschaft gedeckt sind *(§ 19 InsO)*.
  Hierzu ist eine Überschuldungsbilanz zu Liquidationswerten aufzustellen. Anhand dieser Bilanz werden die Werte ermittelt, die im Insolvenzverfahren für die Gläubiger tatsächlich zur Verfügung stehen.

Ergibt sich danach eine rechnerische Überschuldung, bedeutet das nicht, daß die Gesellschaft auch im Rechtssinne überschuldet ist. Als weitere Voraussetzung für eine Annahme der Überschuldung muß vielmehr hinzukommen, daß die Fortsetzungsprognose negativ ausgefallen ist. Die Prognose fällt negativ aus, wenn sich ergibt, daß die Finanzkraft der Gesellschaft mit überwiegender Wahrscheinlichkeit nicht ausreicht, um die Gesellschaft fortzuführen.

Durch die seit dem 1.1.1999 geltende Insolvenzordnung hat eine Rückkehr zum einstufigen Überschuldensbegriff stattgefunden. Zwar liegt eine Überschuldung auch weiterhin vor, wenn in der Überschuldungsbilanz die Aktiva die Passiva – jeweils zu Liquidationswerten angesetzt –, unterschreiten und die Fortführungsprognose negativ ist.
Anders verhält es sich aber, wenn die Fortführungsprognose positiv ausfällt. Dann können die Aktiva im Überschuldungsstatus zur Ermittlung der rechnerischen Überschuldung mit Fortführungswerten angesetzt werden. Damit wird regelmäßig eine Überschuldung im Rechtssinne ausgeschlossen sein.

Bereits im Vorfeld treffen den Geschäftsführer verschiedene Pflichten. So muß er eine Gesellschafterversammlung gem. § 49 III GmbHG einberufen, wenn das Stammkapital zu 50% aufgezehrt wurde. In diesem Stadium muß über Sanierungsmöglichkeiten *(→ Sanierung des Unternehmens)* beraten werden. Der Geschäftsführer kann in diesem Stadium verpflichtet sein, einer Kürzung seiner Bezüge zuzustimmen.

Es bestehen verschiedene Möglichkeiten eine Überschuldung zu vermeiden oder gegebenenfalls abzuwenden:
– Die Darlehensgewährung durch Gesellschafter beseitigt für sich alleine noch nicht die Überschuldung, denn dem Aktivposten „Geld" steht ein Passivposten „Darlehen" gegenüber. Damit ändert sich im Ergebnis am Bilanzbild nichts. Will der Gesellschafter aber lediglich unter bestimmten Voraussetzungen von seinem Rückzahlungsanspruch Gebrauch machen, im übrigen bei gleichbleibenden oder sich verschlechternden Vermögensverhältnissen der Gesellschaft auf die Rückzahlung verzichten, kann tatsächlich eine Beseitigung der Überschuldung angenommen werden.
– Durch einen Forderungsverzicht der Gläubiger gegenüber der GmbH kann eine Überschuldung abgewendet werden, denn in Höhe der Verbindlichkeit mindert sich die Überschuldung. Gleiches gilt für den Gesellschafter, wenn er auf eine Forderung gegenüber der Gesellschaft verzichtet, jedoch mit dem ausdrücklichen Hinweis einer Einstellung in die Kapitalrücklage.

- Freiwillige Zuschüsse der Gesellschafter können eine Überschuldung verhindern. Ob der Zuschuß zur Stärkung des Eigenkapitals oder zur sofortigen Verlustdeckung verwendet wird, hängt von der Erklärung des Gesellschafters ab.

- **Haftung:** Stellt der Geschäftsführer den Insolvenzantrag nicht rechtzeitig, ist er der Gesellschaft gegenüber zum Ersatz derjenigen Zahlungen verpflichtet, die die Gesellschaft nach Entstehung des Insolvenzgrundes geleistet hat *(§ 64 II 1 GmbHG)*. Dies gilt nur nicht für solche Zahlungen, die auch nach Eintritt der Insolvenz mit der Sorgfalt eines ordentlichen Geschäftsmanns vereinbar sind. Hierunter fallen insbesondere Beratungskosten.

Gegenüber denjenigen Gesellschaftsgläubigern, die zum Zeitpunkt der Insolvenz Forderungen gegen die Gesellschaft hatten (Altgläubiger), haftet der Geschäftsführer persönlich auf die Differenz zwischen der tatsächlichen Insolvenzquote und der Insolvenzquote, die der Altgläubiger bei rechtzeitigem Insolvenzantrag erhalten hätte (sog. Quotenschaden) *(§ 64 GmbHG i.V.m. § 823 II BGB)*.

Gegenüber denjenigen Gesellschaftsgläubigern, deren Forderungen gegen die Gesellschaft erst nach dem Zeitpunkt der Insolvenz entstanden sind (Neugläubiger), haftet der Geschäftsführer persönlich für den vollen Schaden.

Die Pflicht zum Insolvenzantrag birgt für den Geschäftsführer doppeltes Haftungsrisiko: Stellt er den Insolvenzantrag verfrüht, so haftet er gegenüber der Gesellschaft aus § 43 II GmbHG, während er bei einer zu späten Stellung des Antrags einer Haftung nach §§ 64 GmbHG i.V.m. § 823 II BGB ausgesetzt ist. Zur Vermeidung dieser Situation sollte der Geschäftsführer sich stets bei den ersten Anzeichen einer Krise durch die Erstellung von Liquiditäts- und Vermögensübersichten einen Überblick verschaffen.

- **Strafbarkeit:** Die Verletzung der Insolvenzantragspflicht ist mit Freiheitsstrafe bis zu drei Jahren oder Geldstrafe bedroht *(§ 84 GmbHG)*. Für die Gesellschaft ist jeder Geschäftsführer zur Stellung des Antrages verpflichtet. Dies gilt auch dann, wenn mehrere Geschäftsführer vorhanden sind und die Geschäftsführer nach dem Gesellschaftsvertrag nur gemeinschaftliche Vertretungsmacht besitzen. Stellt in einem solchen Fall lediglich ein Geschäftsführer den Antrag, so ist dieser dennoch wirksam und entlastet die anderen Geschäftsführer.

3. Tips und Beispiele

> Vielfach versuchen die Gesellschafter den an sich fälligen Insolvenzantrag durch die Beschaffung neuen Kapitals zu verhindern. Die entsprechenden Bemühungen ziehen sich regelmäßig über einen gewissen Zeitraum hin. Der Geschäftsführer, dessen Arbeitsplatz auf dem Spiel steht, vertraut zumeist auf den Erfolg der Kapitalbeschaffungsbemühungen, auch wenn er in diese selbst nicht eingebunden ist. Scheitern diese Bemühungen letztlich, ist die Drei-Wochen-Frist häufig überschritten, den Geschäftsführer trifft die volle straf- und haftungsrechtliche Verantwortung.

Für den Geschäftsführer bieten sich in dieser Situation zwei Möglichkeiten:
- Entweder er beantragt trotz der Kapitalbeschaffungsbemühungen rechtzeitig die Insolvenz.
- Oder er legt rechtzeitig vor Ablauf der Drei-Wochen-Frist sein Amt nieder und enthält sich zur Vermeidung seiner Einstufung als faktischer Geschäftsführer ab dann sämtlicher Geschäftsführungshandlungen; erfolgt dies gegen den Willen der Gesellschafter, läuft er allerdings Gefahr, daß sein Anstellungsvertrag fristlos gekündigt wird.

Interessenkollision

Kommt ein Geschäftsführer im Rahmen seiner Tätigkeiten für die Gesellschaft in eine Interessenkollision mit privaten Interessen, so hat er einen solchen Konflikt stets zu seinen Lasten zu entscheiden. So müssen z.B. Geschäftschancen, die auch privat genutzt werden könnten, bei entsprechendem Bedarf auf die Gesellschaft übergeleitet werden. Hält sich der Geschäftsführer nicht an diesen Grundsatz, so haftet er der Gesellschaft wegen unredlicher Geschäftsführung aus Verletzung seines Anstellungsvertrages.

Jahresabschluß

1. Überblick

Der Geschäftsführer einer mittleren GmbH (→ *Mittlere GmbH*) und einer großen GmbH (→ *Große GmbH*) hat die Pflicht, in den ersten drei Monaten eines Geschäftsjahres einen Jahresabschluß und einen Lagebericht für das vergangene Jahr aufzustellen und den Abschlußprüfern vorzulegen *(§§ 264 I 2, 316 I HGB)*. Handelt es sich bei der Gesellschaft um eine kleine GmbH (→ *Kleine GmbH*), so verlängert sich die Frist auf sechs Monate und eine Vorlage des Jahresabschlusses

bei den Abschlußprüfern entfällt.
Die GmbH hat für den Jahresabschluß
- eine Bilanz,
- eine Gewinn- und Verlustrechnung,
- einen Anhang sowie
- bei einer mittleren und großen GmbH einen Lagebericht aufzustellen *(§ 264 I 3 HGB)*.
Der Geschäftsführer hat bei der Erstellung des Jahresabschlusses die Grundsätze der ordnungsgemäßen Buchführung und Bilanzierung zu beachten. Hat die Gesellschaft mehrere Geschäftsführer und diese Aufgabe auf einen Geschäftsführer übertragen, dann beschränkt sich die Pflicht der übrigen Geschäftsführer auf die ordentliche Auswahl und regelmäßige Überwachung dieses Geschäftsführers. Die abschließende Entscheidung über den Jahresabschluß erfordert Einstimmigkeit der Geschäftsführer, wenn nicht der Gesellschaftsvertrag oder die Geschäftsordnung eine abweichende Regelung trifft.

2. Einzelfragen
- **Vorlage und Feststellung des Jahresabschlusses:** Die Geschäftsführer haben den Jahresabschluß und den Lagebericht unverzüglich nach der Aufstellung den Gesellschaftern zum Zwecke der Feststellung des Jahresabschlusses vorzulegen *(§ 42a I 1 GmbHG)*. Wurde eine Abschlußprüfung durchgeführt (bei der mittelgroßen und großen GmbH), so haben die Geschäftsführer unmittelbar nach Eingang des Prüfungsberichts diesen den Gesellschaftern zu präsentieren *(§ 43a I 2 GmbHG)*. Bei der kleinen GmbH müssen die Gesellschafter innerhalb der ersten elf Monate des Geschäftsjahrs über die Feststellung des Jahresabschlusses und die Ergebnisverwendung beschließen. Bei der mittelgroßen und großen GmbH verkürzt sich diese Frist auf acht Monate *(§ 42a II 1 GmbHG)*. Diese Fristen sind durch den Gesellschaftsvertrag nicht verlängerbar *(§ 42a II 2 GmbHG)*.

Die Anfechtung des festgestellten Jahresabschlusses richtet sich nach den allgemeinen Regeln über die Anfechtung von Gesellschafterbeschlüssen. Anfechtungsgründe können sich aus Verfahrensmängeln und inhaltlichen Gründen ergeben.

- **Offenlegung des Jahresabschlusses:** Der festgestellte Jahresabschluß muß beim Handelsregister eingereicht und ggf. im Bundesanzeiger veröffentlicht werden *(§§ 325 ff HGB)*. Die Offenlegung muß bei großen und mittleren GmbHs spätestens neun Monate nach dem Bilanzstichtag erfolgen *(§ 325 II HGB)*, bei kleinen GmbHs spätestens nach zwölf Monaten.

Das Registergericht prüft, ob die Unterlagen vollständig eingereicht und im Bundesanzeiger bekannt gemacht worden sind *(§ 329 HGB)*. Kommt eine GmbH ihrer Pflicht zur Offenlegung nicht nach, so kann vom Registergericht ein Zwangsgeld gegen die Gesellschaft festgesetzt werden, wenn ein entsprechender Antrag von einem Gesellschafter, einem Gläubiger oder einem Betriebsrat gestellt wird *(§ 335 HGB)*.
Kommt es im Rahmen der Auf- und Feststellung des Jahresabschlusses zu Zuwiderhandlungen, so werden diese mit einem Ordnungsgeld bis zu DM 50.000 geahndet *(§ 334 HGB)*. Hierunter fallen insbesondere Zuwiderhandlungen gegen Vorschriften
- über Form oder Inhalt *(§ 334 I Nr. 1a GmbHG)*,
- über die Bewertung *(§ 334 I Nr. 1b GmbHG)*,
- über die Gliederung *(§ 334 I Nr. 1c GmbHG)*,
- über die in der Bilanz im Anhang zu machenden Angaben *(§ 334 I Nr. 1d)*,
- über den Inhalt des Lageberichts bei der Aufstellung eines solchen *(§ 334 I Nr. 3 GmbHG)*.

Kaduzierung
→ *Ausscheiden eines Gesellschafters*

Kapitalerhaltungsgebot

1. Überblick
Zum Schutz der Gläubiger dürfen die Geschäftsführer keine Verfügungen zugunsten der Gesellschafter treffen, die das Stammkapital der Gesellschaft schmälern und zu einer Unterbilanz führen *(§ 30 GmbHG)*. Eine Unterbilanz liegt vor, wenn das Nettovermögen nicht mehr ausreicht, um das Stammkapital zu decken, wobei stille Reserven nicht in die Berechnung mit einzubeziehen sind *(Urteil des BGH NJW 1988, 139)*.

2. Einzelfragen
- **Folgen eines Verstoßes:** Gemäß § 31 GmbHG sind die Zahlungen, die trotz des Kapitalerhaltungsgebots geleistet wurden, von dem begünstigten Gesellschafter an die Gesellschaft zurückzuerstatten, wobei dies nicht nur den das Stammkapital schmälernden Teil betrifft, sondern die gesamte Leistung *(BGH NJW 1977, 104)*. War der empfangende Gesellschafter jedoch im guten Glauben, so hat er nur den Teil der Leistung zurückzuzahlen, der zur Befriedigung der Gläubiger notwendig ist *(§ 31 II GmbHG)*. Waren die Gesellschafter bei Empfang der Leistung im Glauben, daß es sich um Gewinnteile handele, so müssen sie die Leistungen nicht zurückerstatten *(§ 32 GmbHG)*.

- **Erstattungsansprüche:** Verstößt der Geschäftsführer gegen die Kapitalerhaltungsvorschriften, so haftet er neben den Gesellschaftern auf Rückerstattung. Für die Geltendmachung des Erstattungsanspruchs gegen einen Gesellschafter muß kein vorheriger Gesellschafterbeschluß gefaßt werden, da dieser sofort fällig ist *(GmbHR 87, 224)*.

Kapitalerhöhung

1. Überblick

Der Begriff der Kapitalerhöhung umfaßt jede Erweiterung der Kapitalgrundlage einer Gesellschaft durch Einbringung eigener oder Aufnahme fremder Mittel. Eine Kapitalerhöhung kann aus Gesellschaftsmitteln (nominell) oder durch Zuführung neuer Mittel (effektiv) erfolgen.

2. Einzelfragen

Verfahren: Eine Kapitalerhöhung bedarf einer Satzungsänderung durch notariell beurkundeten Gesellschafterbeschluß, da das Stammkapital notwendiger Bestandteil der Satzung ist. Für den Gesellschafterbeschluß ist eine Dreiviertelmehrheit der abgegebenen Stimmen notwendig *(§ 53 II GmbHG)*. Der Gesellschafterbeschluß muß regeln,
- wie das Kapital erhöht wird (Nennwerterhöhung oder effektive Kapitalerhöhung),
- in welcher Größe es erhöht werden soll,
- wer zur Übernahme des erhöhten Stammkapitals zugelassen wird und
- wer im Fall der Kapitalerhöhung mit Sacheinlagen *(§ 56 GmbHG)* welche Sacheinlagen zu welchem Zeitpunkt zu leisten hat.

Der Geschäftsführer muß die Kapitalerhöhung zum Handelsregister anmelden *(§ 57 GmbHG) (→ Anmeldung der GmbH)*.
Gleichzeitig mit der Anmeldung sind der Kapitalerhöhungsbeschluß, die notariell beglaubigten Übernahmeerklärungen der Gesellschafter, eine Liste der (eventuell neuen) Gesellschafter und die Höhe der von ihnen übernommenen Anteile beim Handelsregister einzureichen. Der Geschäftsführer hat die Versicherung abzugeben, daß die Mindesteinzahlung nach § 7 II GmbHG erfolgt ist und ihm zur freien Verfügung steht.

Sollen zeitlich vor dem eigentlichen Kapitalerhöhungsbeschluß schon Einzahlungen auf eine geplante Kapitalerhöhung geleistet werden, so ist dies nur zulässig, wenn die GmbH sich in einer Krisensituation befindet, eine eindeutige Zweckbestimmung der Zahlung erfolgt, ein enger zeitlicher Zusammenhang zwischen der Vorauszahlung und der Kapitalerhöhung besteht und die Einzahlungen im Zeitpunkt des Kapitalerhöhungsbeschlusses noch ungeschmälert vorliegen.

3. Tips und Beispiele

❗ Benötigt die Gesellschaft von ihren Gesellschaftern zusätzliches Kapital, so muß sie sich dieses nicht notwendigerweise durch Kapitalerhöhung beschaffen. Häufig wird der Gesellschaft frisches Kapital per Gesellschafterdarlehen zugeführt. Wird dieses Gesellschafterdarlehen mit Rangrücktritt gegenüber den Forderungen aller anderen Gläubiger gewährt, steht es rechtlich dem Eigenkapital gleich. Die Gewährung/Empfangnahme von Gesellschafterdarlehen unterliegt nicht den formellen Regelungen für eine Kapitalerhöhung.

Karenzentschädigung
→ *Wettbewerbsverbot*

Kleine GmbH

Nach dem Bilanzrichtliniengesetz wird zwischen der kleinen, mittleren und großen GmbH unterschieden (→ *Jahresabschluß*). Gemäß § 267 I HGB ist eine GmbH als kleine GmbH zu qualifizieren, wenn am Bilanzstichtag mindestens zwei der nachstehenden Größen nicht überschritten sind:

- Eine Bilanzsumme in Höhe von DM 5.310.000,00
- Umsatzerlöse in Höhe von DM 10.620.000,00
- Die Zahl der Mitarbeiter beträgt im Jahresdurchschnitt 50

Krankheit

1. Überblick

Im Falle der Krankheit hat der Geschäftsführer grundsätzlich Anspruch auf weiteren Erhalt seiner Vergütung (→ *Gehalt*).

2. Tips und Beispiele

❗ Die Vergütung sollte im Fall der Krankheit oder sonstiger unverschuldeter Behinderungen des Geschäftsführers nach Möglichkeit schriftlich fixiert werden. Es sollten Regelungen vorhanden sein, die erläutern, ob dem Geschäftsführer bei krankheitsbedingter Abwesenheit oder sonstiger unverschuldeter Abwesenheit die ihm zustehende Vergütung weiter bezahlt werden soll. Des weiteren sollte geregelt werden, ob der Geschäftsführer bei jeder Krankheit oder nur bei vorüberge-

hender seine Vergütung erhält und ob sie eventuell zu kürzen sind. Gegebenenfalls kann vereinbart werden, daß auf Kosten des Geschäftsführers nach einiger Zeit eine Ersatzkraft eingestellt wird.
Fehlt eine vertragliche Regelung greift § 616 BGB ein. Danach hat der Geschäftsführer Anspruch auf Weiterzahlung der Vergütung, falls er für eine verhältnismäßig nicht erhebliche Zeit durch einen in seiner Person liegenden Grund ohne sein Verschulden an der Dienstleistung verhindert ist. Als nicht erheblich wird eine Zeit von sechs bis acht Wochen angesehen. Es handelt sich bei den Zahlen nicht um starre Richtwerte. So kann die Zeit auch darunter liegen. Handelt es sich um einen langjährigen und besonders erfahrenen, verdienstvollen und bewährten Geschäftsführer, kann der Zeitraum auch deutlich über dem angegebenen Richtwert liegen.
→ *Gehalt*

Kündigung
→ *Beendigung des Geschäftsführerverhältnisses*

L

Lagebericht
→ *Jahresabschluß*

Liquidation der Gesellschaft

1. Überblick
Die Beendigung der Gesellschaft erfolgt durch Liquidation. Die Liquidation führt nicht zum sofortigen Erlöschen der Gesellschaft. Die bisherige Firma ist jedoch mit dem Zusatz „in Liquidation" (i.L.) zu versehen.

2. Einzelfragen

- **Folge der Liquidation:** Die Gesellschaft verliert bei einer Liquidation ihren ursprünglichen Erwerbszweck und befaßt sich nun mit der Verflüssigung ihres Vermögens, aus dem zunächst die Verbindlichkeiten beglichen werden. Verbleibt hiernach ein Überschuß, so wird dieser an die Gesellschafter gemäß ihren Anteilsquoten ausgezahlt.

- **Liquidationsgründe:** Die Gründe für eine Liquidation sind in § 60 I GmbHG aufgezählt. Praktisch besonders relevant sind die Eröffnung der Insolvenz (→ *Insolvenz*) sowie der freiwillige Liquidationsbeschluß der Gesellschafter, der als satzungsändernder Beschluß eine Mehrheit erfordert. Die Satzung kann weitere Gründe für eine Liquidation vorsehen.

- **Bekanntmachung:** Die Liquidatoren sind verpflichtet, die Auflösung der Gesellschaft zum Handelsregister anzumelden und bekanntzumachen, indem sie dies zu drei verschiedenen Zeitpunkten in den in § 30 II GmbHG bezeichneten Gesellschaftsblättern veröffentlichen lassen (→ *Liquidatoren*). Hierbei sind die Gläubiger aufzufordern, sich bei der Gesellschaft zu melden. Die Liquidation kann erst nach Ablauf eines Jahres ab der dritten Veröffentlichung beendet werden.

Liquidatoren

1. Überblick
Die Geschäftsführer, die zum Zeitpunkt des Liquidationsbeginns im Amt sind, werden automatisch die Liquidatoren der Gesellschaft, wenn der Gesellschaftsvertrag oder ein Gesellschafterbeschluß diese Aufgabe nicht anderen Personen zuweist *(§ 66 I GmbHG)*.
Etwas anderes gilt nur für den Fall der Liquidation aufgrund Insolvenz: Liquidator ist hier der Insolvenzverwalter.

2. Einzelfragen
- **Geschäftsführer als Liquidator:** Der Geschäftsführer muß das Amt des Liquidators annehmen, wenn er sich nicht schadensersatzpflichtig machen will. Auf Antrag von Gesellschaftern, die mindestens 10% des Stammkapitals halten, kann bei Vorliegen eines wichtigen Grundes die Bestellung von Liquidatoren durch das Gericht erfolgen *(§ 66 II GmbHG)*. Der Liquidator kann das Amt ohne Angabe von Gründen sofort wirksam niederlegen.

- **Aufgaben:** Der Liquidator hat grundsätzlich dieselben Rechte und Pflichten wie der Geschäftsführer, mit dem Unterschied, daß seine Handlungen auf die Abwicklung der Gesellschaft gerichtet sind. Meldet sich ein bekannter Gläubiger nicht, so ist die geschuldete Summe zu hinterlegen, wenn die Berechtigung zur Hinterlegung vorhanden ist. Bestehende Forderungen der Gesellschaft hat der Liquidator einzuziehen.

- **Anmeldung der Auflösung:** → *Liquidation der Gesellschaft*

M, N, O

Minderheitenrechte

Im GmbHG sind vier Minderheitenrechte geregelt, die einer Minderheit der Gesellschafter mit insgesamt mindestens 10% des Stammkapitals zustehen. Diese sind:
- Das Recht, die Gesellschafterversammlung einzuberufen und Gegenstände zur Gesellschafterbeschlußfassung zu verlangen.
- Das Recht, Auflösungsklage nach § 61 II GmbHG zu erheben.
- Das Recht, bei einer Liquidation der Gesellschaft einen Liquidator durch das Gericht bestellen zu lassen *(§ 66 II GmbHG)*.
- Das Recht auf Auskunft und Einsichtnahme *(§ 51a und b GmbHG)*, wobei dieses Recht jedem einzelnen Gesellschafter zusteht.

Diese Minderheitenrechte gelten zwingend und können nicht durch Gesellschafterbeschluß oder Gesellschaftsvertrag abbedungen oder zum Nachteil der Minderheitsgesellschafter verändert werden.

Mittlere GmbH

1. Überblick
Nach der Unterscheidung durch das Bilanzrichtliniengesetz handelt es sich bei einer Gesellschaft um eine mittlere GmbH, wenn diese am Bilanzstichtag mindestens zwei der für die kleine GmbH *(→ Kleine GmbH)* aufgeführten Größenordnungen überschreitet und zugleich von den folgenden Größenordnungen zwei nicht überschreitet:

- Eine Bilanzsumme von DM 21.240.000,00
- Umsatzerlöse i.H.v. DM 42.480.000,00
- Zahl der Mitarbeiter beträgt im Jahresdurchschnitt 250

2. Einzelfragen
→ *Jahresabschluß*

Nebentätigkeit des Geschäftsführers

Eine Nebentätigkeit ist eine nicht vom Anstellungsvertrag erfaßte Tätigkeit des Geschäftsführers außerhalb des Unternehmensgegenstandes der Gesellschaft. Tätigkeiten im Unternehmensgegenstand fallen unter das Wettbewerbsverbot (→ *Wettbewerbsverbot*).

Eine Nebentätigkeit des Geschäftsführers ist grundsätzlich zulässig. Klauseln im Anstellungsvertrag, die eine Nebentätigkeit der vorherigen Zustimmung der Gesellschaft unterstellen, sind wegen Verstoßes gegen die Berufsfreiheit des Art. 12 GG unwirksam und damit nicht verbindlich.

Notgeschäftsführer

1. Überblick
Hat die Gesellschaft z.B. infolge von Niederlegung des Amtes durch den einzigen Geschäftsführer keinen handlungsfähigen Geschäftsführer mehr, bestellt das Registergericht auf Antrag eines Beteiligten einen Notgeschäftsführer (*§ 29 BGB analog*).

2. Einzelfragen
- **Voraussetzungen:** Zunächst müssen die Gesellschafter versuchen, einen neuen Geschäftsführer zu bestellen. Die Bestellung des Notgeschäftsführers erfolgt erst, wenn dies nicht möglich ist, weil z.b. eine Einigung unter den Gesellschaftern nicht zustande kommt oder die Gesellschafterversammlung nicht rechtzeitig zusammentreten kann. Der Antrag kann beispielsweise von einem Gesellschafter, einem ehemaligen Geschäftsführer oder auch einem Gläubiger der Gesellschaft gestellt werden. Ein Notgeschäftsführer darf zu diesem Amt nicht gezwungen werden. Er hat dieselben Rechte und Pflichten wie ein Geschäftsführer.

- **Dauer der Bestellung:** Die Bestellung des Notgeschäftsführers endet mit der Bestellung eines neuen Geschäftsführers durch die Gesellschafterversammlung oder durch Abberufung durch das Registergericht. Ein Gesellschafter kann bei Vorlage eines wichtigen Grundes einen Antrag auf Abberufung des Notgeschäftsführers stellen.

Organhaftung

Nimmt der Geschäftsführer Rechtsgeschäfte für die Gesellschaft vor, so werden diese aus den Geschäften berechtigt und verpflichtet *(§ 36 GmbHG)*. Gleichzeitig wird ein Verschulden des Geschäftsführers im Rahmen der Erfüllung der Verpflichtungen der Gesellschaft dieser als ihr eigenes Verschulden zugerechnet *(§ 278 BGB)*. Für Verletzungshandlungen des Geschäftsführers außerhalb der Erfüllung von Verpflichtungen haftet die Gesellschaft Dritten gegenüber gemäß § 31 BGB; die Gesellschaft kann sich jedoch von dieser Haftung frei zeichnen, wenn sie nachweist, daß sie den Geschäftsführer sorgfältig ausgewählt und regelmäßig überwacht hat.
→ *Haftung*

P, Q

Pensionsrückstellung/Pensionszusage
→ *Altersversorgung, betriebliche*

Pflegeversicherung

1. Überblick

Die Pflegeversicherung ergänzt die klassischen Bereiche der Sozialversicherung (Krankenversicherung, Unfallversicherung und Rentenversicherung). Steht der Geschäftsführer in einem abhängigen Beschäftigungsverhältnis, hängt es von seinem Jahresverdienst ab, ob er kranken- und pflegeversicherungspflichtig ist. Als Leistungen der Pflegeversicherung werden gewährt: Häusliche Pflege, Pflegegeld, Pflegehilfsmittel, teilstationäre Pflege, Kurzzeitpflege und Pflegepersonen.

2. Einzelfragen

Versicherungsmöglichkeiten des Geschäftsführers: Für den GmbH-Geschäftsführer bieten sich verschiedene Pflegeversicherungsmöglichkeiten, die allerdings dadurch beeinflußt werden, ob sich der GmbH-Geschäftsführer in einer gesetzlichen oder privaten Krankenversicherung befindet:
- **Gesetzliche Krankenversicherung:** Der Geschäftsführer kann aufgrund seines Einkommens freiwilliges Mitglied einer gesetzlichen Krankenversicherung sein. Trifft das zu, gilt zunächst, daß auch das freiwillige Mitglied einer gesetzlichen Krankenversicherung versicherungspflichtig in der sozialen Pflegeversicherung ist, denn die Versicherungspflicht in der sozialen Pflegeversicherung richtet sich allein danach, ob eine Mitgliedschaft in einer gesetzlichen Pflegeversicherung besteht. Daneben besteht aber die Möglichkeit, einer privaten Pflegeversicherung beizutreten. Voraussetzung ist ein Antrag bei der zuständigen Pflegekasse und zwar innerhalb von drei Monaten nach Beginn der Versicherungspflicht der sozialen Pflegeversicherung. Ferner muß der Nachweis erbracht werden, daß eine private Pflegeversicherung besteht und daß die Leistungen der privaten Pflegeversicherung der gesetzlichen Pflegeversicherung entsprechen.

- **Private Krankenversicherung:** Hat der Geschäftsführer eine private Krankenversicherung abgeschlossen, muß bei dieser Versicherung eine private Pflegeversicherung abgeschlossen werden. Die private Pflegeversicherung muß wiederum die entsprechenden Leistungen der sozialen Pflegeversicherung beinhalten. Handelt es sich bei der privaten Krankenversicherung lediglich um eine Zusatzversicherung, z.b. eine private Krankenhausversicherung, besteht die Versicherungsfreiheit nicht.
Entscheidet sich danach der Geschäftsführer zu Abschluß und Aufrechterhaltung einer privaten Pflegeversicherung, erhält er von der GmbH einen Zuschuß zu der Pflegeversicherung (§ 6 II 1 SGB XI). Voraussetzung ist, daß der Geschäftsführer einen Versicherungsnachweis erbringt. Die GmbH muß dann einen Zuschuß in der Höhe leisten, der als Arbeitgeberanteil im Rahmen einer sozialen Pflegeversicherung zu zahlen wäre. Allerdings ist der Zuschuß auf die Hälfte des Betrages begrenzt, den der Geschäftsführer für die private Pflegeversicherung zu zahlen hat.

Pflichten des Geschäftsführers
→ Geschäftsführungsangelegenheiten, → Haftung, → Treuepflicht,
→ Verkehrssicherungspflicht

Poolverträge

Poolverträge sind Nebenabsprachen zwischen Gesellschaftern. Vor allem treten sie bei Stimmrechtsvereinbarungen auf. Mit solchen Verträgen nimmt eine Gesellschaftergruppe, häufig Familienangehörige, eine Bündelung ihrer Stimmrechtezum Erhalt ihres Einflusses in der Gesellschaft vor. Solche Verträge können sich aber durchaus auch auf die Gewinnverteilung beziehen.

Produkthaftung

1. Überblick
Geschäftsführer, die zwar grundsätzlich nicht persönlich haften, werden aber für Schäden, die durch fehlerhafte Produkte verursacht werden, zur Verantwortung gezogen, wenn die Haftung aufgrund einer unerlaubten Handlung durch die Verletzung einer Verkehrssicherungspflicht (→ Verkehrssicherungspflicht) in Betracht kommt.

2. Einzelfragen

- **Haftungsart:** Es handelt sich bei Produkthaftung um Gefährdungshaftung. Damit muß kein Verschulden vorliegen.

- **Haftungsumfang:** Den Hersteller von Produkten trifft eine Organisationspflicht, seinen Betrieb so einzurichten, daß nach dem Stand der Technik und Wissenschaft Fehler, die den Erwerber des Produkts schädigen können, schon bei der Entwicklung vermieden werden. Darüber hinaus trifft den Hersteller eine Produktüberwachungspflicht, nachdem die Produkte auf den Markt gelangen. Ihn treffen dann Instruktions- und Folgewarnpflichten. Im äußersten Falle trifft ihn eine Rückrufpflicht.

- **Persönliche Haftung des Geschäftsführers:** Der Geschäftsführer ist kein Hersteller i.S.d. Produkthaftungsgesetzes. Hersteller ist die GmbH und diese haftet beim Auftritt von Fehlern und daraus resultierenden Schäden auch ohne Verschulden. Der Geschäftsführer haftet aber persönlich, wenn er seinen Organisationspflichten nicht nachkam, d.h. der Pflicht zu sorgfältiger Entwicklung, Produktion, Produktbeobachtung und Instruktion schuldhaft nicht nachgekommen ist.
Für „Ausreißer" haftet nicht der Geschäftsführer, sondern die GmbH.

Prokura

1. Überblick

Bei der Prokura gem. § 48 HGB handelt es sich um eine spezielle handelsrechtliche Vollmacht, die nur von Kaufleuten erteilt werden kann.

2. Einzelfragen

- **Erteilung von Prokura:** Die GmbH kann einer einzelnen Person Prokura erteilen (Einzelprokura) oder mehreren gemeinsam (Gesamtprokura).
Die Gesellschafterversammlung beschließt gem. § 46 Nr. 7 GmbHG über die Erteilung der Prokura. Die Bestellung im Außenverhältnis wird durch den Geschäftsführer wahrgenommen. Zwar muß die Prokura im Handelsregister eingetragen werden, allerdings hat die Eintragung nur deklaratorische Wirkung.

- **Erlöschen der Prokura:** Die Abberufung des Prokuristen erfolgt durch Widerruf des Geschäftsführers. Ein zusätzlicher Gesellschafterbeschluß ist nicht notwendig.
Erforderlich ist aber weiterhin, daß das Erlöschen der Prokura im Handelsregi-

ster eingetragen wird. Das gilt nach der Rechtsprechung selbst dann, wenn die ursprüngliche Erteilung der Prokura nicht im Handelsregister eingetragen wurde.

- **Umfang der Prokura:** Der Prokurist unterscheidet sich von dem üblichen Vertreter dadurch, daß seine Vertretungsmacht nur in gesetzlich vorgeschriebenen Fällen wirksam im Außenverhältnis begrenzt werden kann *(vgl. § 49 HGB)*. Damit ermächtigt die Prokura zu allen außergerichtlichen und gerichtlichen Rechtshandlungen, die der Betrieb des Handelsgewerbes mit sich bringt. Zwar sind Einschränkungen im Innenverhältnis zulässig. Ihr Abweichen davon hat aber im Verhältnis gegenüber Dritten grundsätzlich keine Auswirkung. Allerdings macht sich der Prokurist gegenüber der GmbH schadensersatzpflichtig.

Prozeßbeteiligung der GmbH

Passiv legitimiert ist immer die Gesellschaft selbst, wobei sie durch ihren Geschäftsführer vertreten wird *(§ 35 I GmbHG)*. Die Prozeßfähigkeit der GmbH endet, wenn sie aus dem Handelsregister gelöscht wurde.
Zu erwähnen ist weiterhin, daß eine GmbH für Aktivprozesse auch dann noch partei- und rechtsfähig ist, wenn die Insolvenzeröffnung mangels Masse abgelehnt wurde, solange die Löschung wegen Vermögenslosigkeit nach § 141a FGG noch nicht erfolgt ist. Dadurch, daß der Geschäftsführer die GmbH im Prozeß vertritt, kann er – solange er dieses Amt inne hat – nicht als Zeuge gehört werden. Dagegen ist das bei den übrigen Gesellschaftern jederzeit möglich.

R

Rentenversicherung

1. Überblick
Die gesetzliche Rentenversicherung ist ein Versicherungszweig der Sozialversicherung. Geschäftsführer, die sich nicht in einem versicherungspflichtigen Beschäftigungsverhältnis befinden, können trotzdem Mitglied in der gesetzlichen Rentenversicherung werden.

2. Einzelfragen
Rentenversicherungsmöglichkeiten: Befindet sich der Geschäftsführer in einem nicht versicherungspflichtigen Beschäftigungsverhältnis, so bestehen für ihn zwei Möglichkeiten, Mitglied der gesetzlichen Rentenversicherung zu werden:
- Er kann zum einen gem. § 4 II SGB VI Pflichtmitglied werden. Den dazu notwendigen Antrag muß der Geschäftsführer innerhalb von fünf Jahren nach Aufnahme der selbständigen Tätigkeit stellen oder ab Ende der Versicherungspflicht. Es handelt sich hierbei um eine Ausschlußfrist. Wird diese versäumt, bleibt dem Geschäftsführer eine zweite Möglichkeit:
- Er kann gem. § 7 SGB VI auch freiwilliges Mitglied werden. Die freiwillige Mitgliedschaft ist an keine bestimmte Vorversicherungszeit geknüpft.

Ressortaufteilung

1. Überblick
Hat eine GmbH mehrere Geschäftsführer, bietet es sich an, den einzelnen Geschäftsführern ihren Kenntnissen nach spezifische Tätigkeitsbereiche zuzuweisen. Damit kann die Effizienz der Geschäftsführung gesteigert werden.

2. Einzelfragen
Auswirkung auf die Pflichten des Geschäftsführers: Eine Ressortaufteilung entbindet den einzelnen Geschäftsführer allerdings nicht, seiner Überwachungspflicht gegenüber den anderen Geschäftsführern nachzukommen. Die Überwachungspflicht

verlangt, daß sich jeder Geschäftsführer über Ereignisse aus den anderen Zuständigkeitsgebieten informiert. Gewährleistet wird das durch regelmäßige Beratungen, bei denen sich die Geschäftsführer einen Gesamtüberblick über die einzelnen Ressorts verschaffen können.

3. Tips und Beispiele

Haftungsrisiko: Es ist davor zu warnen, daß eine Ressortaufteilung das Haftungsrisiko der einzelnen Geschäftsführer vermindert. § 43 II GmbHG ordnet für den Fall, daß die Geschäftsführung aus mehreren Personen besteht, an, daß grundsätzlich gemeinschaftlich gehaftet (Gesamtschuldner) wird. Damit kann jeder Geschäftsführer in Anspruch genommen werden und zwar in der vollen Höhe. Davon zu unterscheiden ist die Frage, wie ein Ausgleich im Innenverhältnis vorgenommen wird. Hier wird der Geschäftsführer, dessen Ressort betroffen ist, den gesamten Schaden zu tragen haben. → *Haftung*

Rücklagen

1. Überblick

Die Rücklage ist ein Geldbetrag, der bei einem Unternehmen als Reserve bereitgestellt ist. Die Rücklage wird – im Gegensatz zu der stillen Reserve – auf der Passivseite der Bilanz ausgewiesen. Stille Reserven entstehen, indem Vermögensgegenstände in der Bilanz mit einem niedrigeren Wert als dem wirklichen Verkehrswert angesetzt sind. Verpflichtet zur Rücklagenbildung sind Aktiengesellschaften (AG) und Kommanditgesellschaften auf Aktien.

2. Einzelfragen

- **Keine Pflicht zur Rücklagenbildung:** Die GmbH ist im Gegensatz zur AG gesetzlich nicht verpflichtet, Rücklagen zu bilden. Die Gesellschafter können im Beschluß über die Verwendung des Ergebnisses Beträge in Gewinnrücklagen vortragen, es sei denn die Satzung regelt etwas anderes. Wird ein Verlust ermittelt, brauchen gebildete Rücklagen nicht aufgelöst zu werden.

- **Rücklagenarten:** Es gibt zwei Arten von Rücklagen: Zum einen die Kapitalrücklage und zum anderen die Gewinnrücklage.
  - Die Kapitalrücklage nimmt diejenigen Rücklageposten auf, die nicht aus Gewinnen gebildet sind.
  - Gewinnrücklagen müssen aus dem Ergebnis gebildet werden. Hierzu zählen vertragliche Rücklagen sowie Rücklagen für eigene Anteile.

3. Tips und Beispiele

> Es ist darauf zu achten, daß durch die Bildung von Rücklagen Minderheitenrechte ausreichend berücksichtigt werden. Unzulässig ist es, wenn die Minderheit durch die Rücklagenbildung „ausgehungert" werden soll.

Rückstellungen

1. Überblick
Für ungewisse Verbindlichkeiten und für drohende Verluste aus schwebenden Geschäften müssen Rückstellungen gebildet werden. Sie werden in der Bilanz auf der Passivseite aufgenommen.

2. Einzelfragen
Fälle für Rückstellungen: Rückstellungen sind zu bilden für unterlassene Aufwendungen. Kommt es häufig zu Kulanzfällen, sind ebenfalls Rückstellungen zu bilden und letztlich auch bei Pensionsverpflichtungen. → *Altersversorgung, betriebliche*

3. Tips und Beispiele

> Rückstellungen wirken auch steuerlich. Ab 1998 sind Rückstellungen in der Steuerbilanz für drohende Verluste allerdings unzulässig. Deshalb müssen hierfür bestehende Rückstellungen aufgelöst werden *(§ 5 IV a EStG).*

S

Sacheinlagen

1. Überblick

Das GmbH-Recht geht von dem Grundsatz aus, daß ein Gesellschafter seine Einlage in Geld leistet. Dies gilt sowohl im Falle der Neugründung als auch im Rahmen einer Kapitalerhöhung. Der Gesellschafter kann aber auch ein Wirtschaftsgut als Einlage leisten, falls dies in der Satzung ausdrücklich vereinbart worden ist *(vgl. §§ 5 IV, 19 V GmbHG)*. Die Fixierung der Leistung kann auch in einer Anlage erfolgen, wobei die Anlage Bestandteil der Satzung sein muß. Sieht die Satzung vor, daß der Einlageverpflichtung auch durch einen Vermögensgegenstand nachgekommen werden kann, müssen die Vorschriften über die Sachgründung bzw. der Sachkapitalerhöhung beachtet werden.

2. Einzelfragen

- **Einlagefähige Vermögensgegenstände:** Es gibt keine gesetzlichen Vorschriften darüber, welche Vermögensgegenstände einlagefähig sind. Verlangt wird indes, daß es sich um verkehrsfähige Vermögensgegenstände mit einem feststellbaren wirtschaftlichen Wert handelt. In Betracht kommen deswegen:
  - Bewegliche und unbewegliche Sachen, wobei es unerheblich ist, ob das Eigentum daran an die GmbH übertragen oder ihr die Sache dauerhaft zur Nutzung überlassen wird.
  - Daneben können Rechte (Mitgliedschafts- und Immaterialgüterrechte) eingebracht werden.
  - Auch Forderungen (des Gesellschafters gegenüber Dritten oder der Gesellschaft selbst) sind einlagefähig.
  - Letztlich sind auch Sach-und Rechtsgesamtheiten (vor allem Handelsgeschäfte, Unternehmen und Teilbetriebe etc.) taugliche Vermögensgegenstände.

  Nicht einlagefähig sind dagegen Dienstleistungen des Gesellschafters.

- **Bewertung der Vermögensgegenstände:** Die Bewertung der Sacheinlage stellt in der Praxis das häufigste Problem dar, denn Gegenstände oder Rechte haben keinen für jedermann feststellbaren Wert.

Sollen Gegenstände in das Unternehmen eingebracht werden, stellt zunächst der objektive Zeitwert den Bewertungsmaßstab dar. Darüber hinaus muß aber auch die konkrete Verwendungsmöglichkeit in der GmbH berücksichtigt werden. Bei Gegenständen des Anlagevermögens ist der Wiederbeschaffungspreis und bei Gegenständen des Umlaufvermögens der Veräußerungserlös anzusetzen.

- **Bewertung eines Unternehmens:** Die meisten Probleme ergeben sich, wenn ein Unternehmen eingebracht werden soll, denn dessen Bestand an Aktiva und Passiva verändert sich ständig. Deshalb muß ein Stichtag für den Übergang des Unternehmens festgelegt werden. Die Bewertungsgrundlage ist bezogen auf eine für den Stichtag erstellte Einbringungsbilanz.

- **Bewertungszeitpunkt:** Der Bewertungszeitpunkt der Einlage ist gem. § 9 GmbHG die Anmeldung der Gesellschaft zum Handelsregister. In diesem Zeitpunkt muß der Wert der Sacheinlage der ansonsten in Geld zu erbringenden Einlage entsprechen.

Die Sacheinlage muß gem. § 7 III GmbH vollständig erbracht worden sein, bevor die Gesellschaft im Handelsregister eingetragen wurde.
Soll als Sacheinlage ein Grundstück eingebracht werden, muß bedacht werden, daß dazu einige Formalien erforderlich sind: Es muß neben der Auflassung die Eintragungsbewilligung sowie die Einreichung des Antrages beim Grundbuchamt erfolgt sein.
Letztlich muß ein Sachgründungsbericht von sämtlichen Gesellschaftern erstellt werden *(§ 5 IV 2 GmbHG)*. Er muß die für Sacheinlagen wesentlichen Umstände darlegen und eine Bewertungsmöglichkeit eröffnen. Beim Übergang eines Unternehmens sind die Jahresergebnisse der beiden letzten Geschäftsjahre hinzuzufügen.

- **Haftungsrisiken:** Die Haftung der Gesellschafter kann sich bei Sacheinlagen unter zwei Gesichtspunkten ergeben:
Entspricht der Wert der Sacheinlage im Zeitpunkt der Anmeldung der Gesellschaft zum Handelsregister nicht dem Betrag der durch den Gesellschafter übernommenen Stammeinlage, haftet dieser in Höhe der Differenz. Die Differenz ist vom Gesellschafter in Geld zu leisten *(§ 9 I GmbHG)* (Differenzhaftung). → *Haftung*
Ferner können die Gesellschafter persönlich auf Schadensersatz in Anspruch genommen werden, wenn sie falsche Angaben im Sachgründungsbericht machen *(§ 9 a I 3 GmbHG)*. → *Haftung*
Daneben können die Gesellschafter strafrechtliche Sanktionen gem. § 82 I Nr. 1 GmbHG treffen.

3. Tips und Beispiele

 Beispiel für eine Gesellschaftsgründung, bei der sowohl eine Bar- als auch eine Sacheinlage vereinbart wird

Das Stammkapital der Gesellschaft beträgt Euro 100.000,00 (in Worten: Einhunderttausend Euro).
Als Stammeinlage übernehmen auf dieses Stammkapital:

1. Herr A: Euro 25.000,00
2. Herr B: Euro 25.000,00
3. Herr C: Euro 25.000,00
4. Herr D: Euro 25.000,00

Die Einlagen sind in Geld zu leisten, und zwar zu einem Viertel vor Anmeldung der Gesellschaft zur Eintragung im Handelsregister. Die Geschäftsführung kann auf Grundlage eines Gesellschafterbeschlusses die restlichen Einzahlungen auf die Stammeinlage einfordern.

Die Gesellschafter C und D leisten ihre Einlage durch Einbringung der in den Anlagen 1 und 2 zu diesem Vertrag bezeichneten Vermögensgegenstände in die Gesellschaft. Die Übereignung der Gegenstände erfolgt sofort und vollständig an die Gesellschaft.

Sanierung des Unternehmens

1. Überblick
Sanierungsgedanken gewinnen immer dann an Raum, wenn sich das Unternehmen in einer wirtschaftlichen Krise befindet. Ziel jeder Sanierung ist, die Krise zu beseitigen, das Unternehmen zu restrukturieren, die Liquidität zu verbessern, die Kapitalausstattung zu verstärken und gleichzeitig die Kosten zu reduzieren.

2. Einzelfragen
- **Pflicht des Geschäftsführers:** Der Geschäftsführer muß durch seine Leitung die unternehmerischen Ziele der Gesellschaft erreichen. Das erfordert eine regelmäßige Kontrolle. Insoweit ist es nicht ausreichend, daß sich der Geschäftsführer auf die am Bilanzstichtag aufgestellten Buchwerte verläßt und anschließend bis zum nächsten Bilanzstichtag abwartet.

- **Vorgehen bei Anzeichen einer Krise:** Der Geschäftsführer ist verpflichtet, sich bei Anzeichen einer Krise einen Überblick über die Vermögensverhältnisse der Gesellschaft zu verschaffen. Der Geschäftsführer erstellt dazu eine Aufstellung über den aktuellen Vermögensstatus der Gesellschaft. Nicht berücksichtigt werden dabei stille Reserven und der Firmenwert, es sei denn, sie wären im Liquidationsfall realisierbar.
Aufgrund des aktuellen Vermögensstatus muß der Geschäftsführer abwägen, ob das Unternehmen überhaupt noch sanierungsfähig ist und welche konkreten Sanierungsmaßnahmen vorzunehmen sind. Hinsichtlich der Sanierungsfähigkeit des Unternehmens muß der Geschäftsführer vor allem die Eröffnungsgründe eines Insolvenzverfahrens (Überschuldung, Zahlungsunfähigkeit und drohende Zahlungsunfähigkeit) bei seiner Abwägung berücksichtigen *(→ Insolvenz)*. Dies vor allem auch vor dem Hintergrund, damit der Geschäftsführer seiner eventuell bestehenden Konkursantragspflicht gem. § 64 GmbHG nachkommt. Sein Prüfungsergebnis hat der Geschäftsführer den Gesellschaftern mitzuteilen.

- **Sanierungsziel:** Die Sanierungsinstrumente müssen zuallererst bewirken, daß die Krisenursachen und Schwächen des Unternehmens beseitigt werden. Damit geht regelmäßig eine Kostenreduzierung und ein Stellenabbau einher. Des weiteren benötigt das Unternehmen Eigen- und Fremdkapital, denn es muß in Bereiche investieren, die es vernachlässigt hat und deshalb womöglich die Krise ausgelöst wurde.

- **Sanierungsmaßnahmen:** Häufig gewählte Maßnahme der Sanierung ist, die Liquidität des Unternehmens zu verbessern und die Kapitalausstattung zu stärken. Dazu zählen der Verkauf von Grundstücken, Beteiligungen und Wertpapieren etc., der Einzug von fälligen Forderungen oder deren Abtretung an ein Inkassounternehmen, die Durchführung des „sale und lease back Verfahrens" (Verkauf von Anlagevermögen unter Auflösung stiller Reserven mit anschließendem Rückleasing). Das Eigenkapital kann auch durch Aufnahme eines weiteren Gesellschafters erhöht werden. Soll ein weiterer Gesellschafter aufgenommen werden, ist es nicht unüblich, daß dieser die Einräumung gewisser Vorrechte verlangt, z.B. Vorrechte bei der Gewinnausschüttung.
Das gleiche Ziel kann auch durch die Aufnahme eines stillen Gesellschafters erreicht werden *(→ Stille Beteiligung)*. Voraussetzung ist aber, daß er auch am Verlust beteiligt und im Insolvenzverfahren wie ein Eigenkapitalgeber zu behandeln ist. Seine Einlage ist innerhalb des Eigenkapitals auszuweisen. Ist der stille Gesellschafter nur am Gewinn beteiligt, wird seine Einlage bei den Verbindlichkeiten ausgewiesen.

- **Haftung des Geschäftsführers:** → *Haftung*
  Schadensersatzansprüche der Gesellschafter bei Pflichtverletzungen gegenüber dem Geschäftsführer ergeben sich unter folgenden Gesichtspunkten:
  – Einerseits liegt eine zum Schadensersatz verpflichtende Handlung vor, wenn die Gesellschafter den Vorwurf erheben, daß der Geschäftsführer nicht rechtzeitig die noch mögliche Sanierung des Unternehmens eingeleitet hat. In diesem Fall hat der Geschäftsführer seine unmittelbar aus § 43 GmbHG resultierende Pflicht gegenüber den Gesellschaftern verletzt, weshalb er verpflichtet ist, den Gesellschaftern den dadurch entstandenen Schaden zu ersetzen.
  – Gem. § 64 II GmbHG können die Gesellschafter Ansprüche gegenüber dem Geschäftsführer geltend machen, wenn der Geschäftsführer seiner Insolvenzantragspflicht nicht in der dafür vorgesehenen Zeit von drei Wochen nachkommt.

  Die Drei-Wochenfrist beginnt nach h.M., sobald der Geschäftsführer positive Kenntnis vom Vorliegen eines Insolvenzgrundes hat. Anerkannt ist aber, daß der Geschäftsführer die Frist nicht ohne weiteres ausschöpfen darf, denn nach § 64 GmbHG muß der Insolvenzantrag unverzüglich gestellt werden. Dennoch ist Sinn und Zweck der Drei-Wochenfrist, daß der Geschäftsführer entscheiden kann, ob er einen Insolvenzantrag stellt. Ferner soll geprüft werden, ob nicht eventuell mildere Maßnahmen möglich sind, um das Unternehmen zu retten. Insoweit kommen hier Sanierungsbemühungen zum tragen.
  Wird die dreiwöchige Frist dazu genutzt, Sanierungsmaßnahmen umzusetzen, haftet der Geschäftsführer nicht gem. § 64 GmbHG, wenn objektiv die Wahrscheinlichkeit besteht, den Insolvenzgrund innerhalb dieser Zeit zu beseitigen.

- **Steuerliche Behandlung:** Steuerfrei waren früher Erhöhungen des Betriebsvermögens, die dadurch entstanden, daß Schulden zum Zwecke der Sanierung ganz oder teilweise erlassen wurden. Diese Regelung des § 3 Nr. 66 EStG wurde aufgehoben. Diese Vorschrift findet letztmalig Anwendung auf Vorfälle, die vor dem 01.01.1998 liegen.

3. Tips und Beispiele

- **Gesellschafterdarlehen in Krisenzeiten:** Sehr gefährlich kann es sein, wenn Gesellschafter in Krisenzeiten der Gesellschaft Darlehen gewähren, um auf diesem Wege das Eigenkapital zu erhöhen, denn es stellt sich regelmäßig das Problem der eigenkapitalersetzenden Gesellschafterdarlehen. Das Problem kann vermieden werden, wenn Gesellschafter der Gesellschaft ein Darlehen gewähren, aber gleichzeitig einen Rangrücktritt vereinbaren, wonach die Darlehensforderung hinter sämtlichen anderen Gläubigerforderungen zurücktritt.

Grundsätzlich können solche Darlehen eine drohende oder bereits eingetretene Überschuldung beseitigen. Allerdings gilt dies seit dem Inkrafttreten der neuen Insolvenzordnung (1999) nur noch, wenn die Darlehensvereinbarung eine zusätzliche Klausel enthält:
- Die Darlehensforderung gilt für den Fall der Eröffnung des Insolvenzverfahrens als vollständig erlassen.
- Möglich ist auch folgende Formulierung: *„Im Falle der Eröffnung des Insolvenzverfahrens wird das Darlehen wie Eigenkapital behandelt".*

- **Ergebnisabführungsvertrag**: Die Krise wird am ehesten abgewendet, wenn der Geschäftsführer mit der Muttergesellschaft, sofern vorhanden, einen Ergebnisabführungsvertrag schließt. Die Muttergesellschaft kann die Verluste steuersparend selbst verwerten. Bei der Tochter ist die Bilanz stets ausgeglichen, denn in Höhe des Verlustes hat die Tochter eine entsprechende Forderung gegenüber der Mutter. Somit wird die Überschuldung vermieden. Die Muttergesellschaft kann die Verluste nur dann steuerlich verwerten, wenn sie mit der Tochter einen Ergebnisabführungs- und Beherrschungsvertrag abschließt und damit die Voraussetzungen gem. § 14 KStG erfüllt.

Satzung
→ *Gesellschaftsvertrag*

Schadensersatzansprüche Gesellschaft – Geschäftsführer – Gesellschafter
→ *Haftung*

Schwarzarbeit
Die Vereinbarung von Schwarzarbeit wird für den Geschäftsführer zunehmend riskanter, denn er ist dazu verpflichtet, daß die Sozialversicherungsbeiträge rechtzeitig und vollständig gezahlt werden. Der Geschäftsführer macht sich gegenüber der Einzugsstelle gem. §§ 28h, 29s SGB IV schadensersatzpflichtig, wenn die Arbeitnehmersozialversicherungsbeiträge trotz Fälligkeit nicht abgeführt werden. Die Schadensersatzpflicht trifft den Geschäftsführer, abweichend von der alten Gesetzeslage, jetzt auch bei vereinbarter Schwarzarbeit.

Selbstanzeige

1. Überblick

Wer im Falle der Steuerhinterziehung oder im Falle der leichtfertigen Steuerverkürzung die unrichtigen oder unvollständigen Angaben bei der Finanzbehörde berichtigt oder ergänzt oder unterlassene Angaben nachholt und die rückständigen Steuern nachzahlt, bleibt straffrei.

2. Einzelfragen

- **Zeitliche Begrenzung:** Die Möglichkeit der Selbstanzeige ist aber begrenzt. Kommt es zu einer Betriebsprüfung, besteht nicht mehr die Möglichkeit der strafbefreienden Selbstanzeige gem. § 371 II Nr. 1 a AO. Ferner ist die Selbstanzeige ausgeschlossen, sobald die Tat entdeckt wurde oder die Einleitung eines Strafverfahrens bekanntgegeben wurde.
  Die bußgeldbefreiende Selbstanzeige bei leichtfertigen Steuerverkürzungen gem. § 378 III AO ist dagegen unabhängig von einer Betriebsprüfung bis zur Bekanntgabe eines Strafverfahrens möglich.

- **Umfang der Selbstanzeige:** Wenn eine Selbstanzeige verfaßt wird, müssen alle bis dahin nicht erfolgten oder nicht vollständigen Angaben genau abgefaßt werden, so daß auf dieser Grundlage Steuerbescheide erlassen werden können. Können diese genauen Angaben nicht gemacht werden, sollen Richtwerte genommen werden, wobei diese eher zu hoch als zu niedrig angesetzt werden sollten. Beachtet werden muß zudem der Veranlagungszeitraum, auf den sich die Selbstanzeige beziehen soll.

- **Begleichung der Steuerschuld:** Straffreiheit tritt nach alledem nur dann ein, wenn die Steuern innerhalb einer vom Finanzamt gesetzten Frist nachgezahlt werden. Kann der Betrag nicht in der vorgesehenen Frist geleistet werden, scheidet eine Selbstanzeige aus. Möglich ist aber, daß das Finanzamt einer Fristverlängerung oder einer Stundung zustimmt *(§ 371 III AO)*.
  Eine Selbstanzeige ist nur dann sinnvoll, wenn die Rückzahlung überhaupt vorgenommen werden kann.

3. Tips und Beispiele

 Liegen die Steuerhinterziehungen schon einen längeren Zeitraum zurück, sollte vorher gründlich die Frage der Verjährung geprüft werden.

Selbstkontrahieren

1. Überblick

§ 181 BGB verbietet das sogenannte **Insichgeschäft**. Ein Vertreter kann im Namen des Vertretenen mit sich im eigenen Namen oder als Vertreter eines Dritten kein Rechtsgeschäft vornehmen, es sei denn, daß das Rechtsgeschäft ausschließlich in Erfüllung einer Verbindlichkeit besteht oder die Vornahme des Geschäfts dem Vertreter gestattet wurde.

Des weiteren ist ein Insichgeschäft gestattet, wenn es lediglich einen rechtlichen Vorteil verschafft. Diese Konstellation wird nur selten vorkommen. Zu denken ist an den Fall einer Schenkung.

Ob ein Insichgeschäft vorliegt, läßt sich am besten anhand des Merkmals der Personenidentität feststellen: Der Vertrag kommt tatsächlich nur durch eine Person zustande, da sie letztlich sowohl für die eine, als auch für die andere Vertragsseite auftritt.

2. Einzelfragen

- **Fallkonstellationen:** Die typischen Fälle des Insichgeschäfts sind der Abschluß eines Vertrages zwischen dem Geschäftsführer und der GmbH, denn der Geschäftsführer agiert auf beiden Seiten. Es liegt auch ein Insichgeschäft vor, wenn der Geschäftsführer sich durch eine dritte Person vertreten läßt. Hier wird die Personenidentität lediglich durch einen Kunstgriff aufgehoben. Ebenfalls liegt ein Insichgeschäft vor, wenn der Geschäftsführer die GmbH vertritt und gleichzeitig den Vertragspartner auf der anderen Seite.

- **Befreiung vom § 181 BGB:** Eine Befreiung vom Verbot des Insichgeschäfts ist möglich. Dabei muß zwischen einer generellen und konkreten Befreiung unterschieden werden:
  - Die generelle Befreiung vom Selbstkontrahierungsverbot in einer GmbH bedarf eines mit einfacher Mehrheit gefaßten Gesellschafterbeschlusses. Häufig wird aber bereits in der Satzung eine entsprechende Regelung formuliert. Des weiteren muß die Eintragung zum Handelsregister erfolgen, wobei die Befreiung vom Selbstkontrahierungsverbot auch ohne Eintragung wirksam ist. Die Handelsregistereintragung hat lediglich deklaratorische Wirkung.
  - Soll der Geschäftsführer lediglich für ein konkretes Geschäft von dem Verbot befreit werden, muß ebenfalls ein mit einfacher Mehrheit gefaßter Gesellschafterbeschluß vorliegen. Allerdings erfolgt keine Eintragung zum Handelsregister.

- **Ein-Personen-GmbH:** Die Befreiung des § 181 BGB gewinnt bei der Ein-Personen-GmbH an Bedeutung. Hinsichtlich der generellen und der auf ein konkretes Rechtsgeschäft erteilten Befreiung gilt, daß zusätzlich eine entsprechende Regelung in der Satzung erfolgt ist und die Befreiung zum Handelsregister angemeldet wurde *(vgl. § 35 IV GmbHG)*.

- **Mißachtung des § 181 BGB:** Wird gegen § 181 BGB verstoßen, ist das Rechtsgeschäft bis zu seiner Genehmigung schwebend unwirksam. Wird nachträglich die Genehmigung erteilt, wird das Rechtsgeschäft rückwirkend wirksam. Der Verstoß gegen § 181 BGB kann auch steuerliche Auswirkung entfalten. Gerade im Zusammenhang mit der Vergütungsvereinbarung des Geschäftsführers muß § 181 BGB beachtet werden. Liegt eine Mißachtung vor, und erhält der Geschäftsführer danach seine Vergütung, werden sämtliche Auszahlungen in verdeckte Gewinnausschüttungen *(→ Verdeckte Gewinnausschüttung)* umgewandelt.

Sonderkonto

Die Einrichtung eines Sonderkontos stellt eine Variante dar, mit der garantiert werden kann, daß die Mindesteinlage von DM 25.000,00 im Zeitpunkt der Anmeldung der GmbH dieser ungeschmälert zur Verfügung steht. Häufig wird aber bereits zugunsten der werdenden GmbH ein Bankkonto errichtet worden sein. Entscheidend ist in jedem Fall, daß die GmbH über das Guthaben verfügen kann. Das ist nur dann der Fall, wenn die geschuldeten Einlagen sowohl in tatsächlicher wie auch in rechtlicher Hinsicht auf die GmbH übergegangen sind. Insofern ist den Voraussetzungen im Zusammenhang mit der Anmeldung der GmbH nicht Genüge getan, wenn es sich um ein persönliches Konto des Gesellschafters handelt.

Sorgfaltsmaßstab des Geschäftsführers

Der Sorgfaltsmaßstab ist gleichzeitig der Verschuldensmaßstab des Geschäftsführers. Danach begründet sich eine Haftung gem. § 43 GmbHG *(→ Haftung)*. Verlangt wird die Sorgfalt eines ordentlichen Geschäftsmannes. Der Geschäftsführer befindet sich in einer leitenden Position, in der er selbständig treuhänderisch fremde Vermögensinteressen wahrt. Seine Aufgabe und die Größe und Art des Unternehmens bilden den Sorgfaltsmaßstab i.S.d. § 43 I GmbHG. Der Geschäftsführer ist darlegungspflichtig, ob er die Sorgfalt eines ordentlichen Geschäftsmannes aufgebracht hat. Verstößt der Geschäftsführer gegen diesen Sorgfaltsmaßstab, kann er sich nicht darauf berufen, daß seine persönlichen Fähigkeiten unzureichend waren, z.B. wegen mangelnder Vorbildung. Andererseits trifft die Gesellschafter ein erhebliches Mitverschulden, wenn sie wußten, daß der Geschäftsführer aufgrund seiner Kenntnisse oder Fähigkeiten gar nicht in der Lage war, seine Tätigkeit ordnungsgemäß auszuführen.

Sorgfaltspflichten des Geschäftsführers
→ *Haftung*, → *Pflichten der Geschäftsführer*, → *Treuepflicht*, → *Verkehrssicherungspflicht*

Sozialversicherung

1. Überblick
Es handelt sich um eine gesetzliche Zwangsversicherung mit dem Ziel der Leistungsgewährung bei Krankheit, Arbeitsunfall, Berufsunfähigkeit, Erwerbsunfähigkeit, Alter und Tod. Die dazu notwendigen Mittel werden durch Beiträge der Arbeitgeber und Versicherten sowie durch Zuschüsse des Bundes aufgebracht. Versicherungspflichtig sind alle Personen, die in einem Beschäftigungs- oder Arbeitsverhältnis abhängige Arbeit leisten (*§ 7.1 SGB IV*).

2. Einzelfragen
Sozialversicherungspflicht: Die Sozialversicherungsmöglichkeit des GmbH-Geschäftsführers hängt zunächst davon ab, ob er gleichzeitig Gesellschafter der GmbH ist.

Handelt es sich danach um einen Fremdgeschäftsführer, befindet er sich regelmäßig in einem abhängigen Beschäftigungsverhältnis, denn er ist gegenüber der Gesellschafterversammlung weisungsgebunden. Damit ist er i.d.R. sozialversicherungspflichtig. Ein weiteres Indiz für das Abhängigkeitsverhältnis sind die Gehaltszahlungen.

Bei Gesellschafter-Geschäftsführern bedarf es einer differenzierten Betrachtungsweise. Im Falle des Gesellschafter-Geschäftsführers, der zudem die Mehrheit der Stimmrechte hält, liegt regelmäßig kein Abhängigkeitsverhältnis vor und somit auch kein Arbeitnehmerstatus, der eine Sozialversicherungspflicht begründet. Schwieriger ist die Situation, wenn der Gesellschafter-Geschäftsführer lediglich Minderheitsgesellschafter ist. Das Vorliegen verschiedener Indizien spricht gegen ein abhängiges Beschäftigungsverhältnis:

- Eine Beteiligung von mindestens 50% bzw. Möglichkeit einer Sperrminorität in der Gesellschafterversammlung.
- Eine Befreiung von § 181 BGB.
- Der Geschäftsführer ist nicht an die Weisungen der Gesellschafterversammlung gebunden. Das wird häufig dann vorliegen, wenn der Geschäftsführer zudem über ausgeprägte Branchenkenntnis verfügt.
- Die Entstehung einer Gesellschaft (Umwandlung oder Neugründung). Im Falle der Umwandlung von einem Einzelunternehmen in eine GmbH wird regelmäßig der frühere Einzelkaufmann auch nach der Umwandlung das Unternehmen maßgeblich und eigenverantwortlich führen.

Spaltung

1. Überblick

Im Rahmen der Umstrukturierung von Unternehmensträgern kennt das UmwG vier Umwandlungsarten. Eine Unterart ist die Umwandlung durch Spaltung *(§§ 123 bis 173 UmwG)*. Die Spaltung ihrerseits gliedert sich wiederum auf in die Varianten der Aufspaltung, Abspaltung und Ausgliederung.

2. Einzelfragen

- **Aufspaltung:** Die Vermögensteile gehen im Wege der Sonderrechtsnachfolge gem. § 123 I UmwG als Gesamtheit auf zwei bestehende (Aufspaltung durch Aufnahme) oder neugegründete Gesellschaften (Aufspaltung durch Neugründung) über. Der übertragende Rechtsträger geht ohne Abwicklung unter. Dafür erhalten die Anteilsinhaber des übertragenden Rechtsträgers Anteile oder Mitgliedschaften am übernehmenden Rechtsträger.

- **Abspaltung:** Der Unterschied zur Aufspaltung liegt gem. § 123 II UmwG darin, daß der übertragende Rechtsträger weiterhin besteht. Es werden einzelne oder mehrere Vermögensteile im Wege der Sonderrechtsnachfolge übertragen, entweder durch Aufnahme oder Neugründung. Die Anteilseigner des übertragenden Rechtsträgers erhalten entsprechend ihrer übertragenen Vermögensanteile neue Anteile oder Mitgliedschaften.

- **Ausgliederung:** Sie ähnelt der Abspaltung, denn auch hier bleibt der übertragende Rechtsträger bestehen. Der Unterschied zur Abspaltung liegt darin, daß nicht dem Anteilseigner des übertragenden Rechtsträgers neue Anteile oder Mitgliedschaften gewährt werden, sondern dem übertragenden Rechtsträger selbst.

Spekulationsgeschäft

1. Überblick

Der Begriff des Spekulationsgeschäftes wird mehrfach verwendet:
- Zum einen kann dadurch die persönliche Haftung des Geschäftsführers gem. § 43 GmbHG begründet werden (→ *Haftung*) und
- zum anderen wird der Begriff im Zusammenhang mit der Veräußerung von Anteilen verwendet.

2. Einzelfragen

- **Persönliche Haftung des Geschäftsführers:** Der GmbH-Geschäftsführer haftet aufgrund seiner Organstellung dafür, daß er die Geschäfte mit der Sorgfalt eines ordentlichen Kaufmannes führt. Verletzt er diese Pflicht, ist er der Gesellschaft gegenüber zum Ersatz des Schadens gem. § 43 GmbHG verpflichtet. In diesem Zusammenhang gehört es zu einer ordentlichen Geschäftsführung, daß der Geschäftsführer keine Geschäfte eingeht, die übermäßig riskant sind und bei denen darüber hinaus die Finanzierung nicht gesichert ist, falls das Geschäft fehlschlägt. Zur Sicherheit sollte der Geschäftsführer die Gesellschafter über sein Vorgehen und über sämtliche Risiken grundlegend informieren (→ *Zustimmungsbedürftige Geschäfte*).

- **Veräußerung von Anteilen:** Veräußert ein Gesellschafter seine Anteile innerhalb von zwölf Monaten, nachdem er sie selbst erworben hat, liegt ein Spekulationsgeschäft vor.
Die steuerrechtliche Behandlung gem. § 23 EStG hängt davon ab, ob Gewinne oder Verluste erzielt wurden. Gewinne aus Spekulationsgeschäften sind steuerpflichtig. Verluste sind grundsätzlich abzugsfähig, jedoch nur in der Höhe der Spekulationsgewinnne, die der Steuerpflichtige im selben Kalenderjahr erzielt hat.

Kein Spekulationsgeschäft im engeren Sinne liegt vor, wenn es sich bei dem veräußerten Anteil um eine wesentliche Beteiligung handelt. Der Gesellschafter muß in den letzten fünf Jahren mit 10% oder mehr am Kapital der Gesellschaft beteiligt gewesen sein. In einem solchen Fall erfolgt grundsätzlich eine Besteuerung nach § 17 EStG.

Erfolgt indes die Veräußerung eines wesentlichen Anteils innerhalb der Frist von zwölf Monaten, liegen sowohl die Voraussetzungen des § 23 EStG und des § 17 EStG vor. In welchem Konkurrenzverhältnis beide Vorschriften zueinander stehen, war umstritten. Auswirkung zeigte dieser Streit hinsichtlich der Frage, wie Spekulationsverluste zu behandeln sind, denn nach § 17 EStG sind Verlustabzüge nur eingeschränkt zulässig, wobei bei § 23 EStG ein Verlustabzug grundsätzlich möglich ist und lediglich eine Begrenzung in der Höhe durch § 23 EStG bestimmt wird. Der Gesetzgeber legte allerdings fest, daß § 23 EStG vorrangig gegenüber § 17 EStG ist. Der Vorrang des § 23 EStG ist nach dem eben Gesagten für den Steuerpflichtigen nicht nachteilig, denn ein Abzug des Spekulationsverlustes ist generell möglich.

Sperrminorität

Ein Gesellschafter-Geschäftsführer, der nur bis zu 50% am Stammkapital beteiligt ist und somit nicht über eine kapitalmäßige Mehrheitsbeteiligung verfügt, ist grundsätzlich gegenüber der Gesellschafterversammlung weisungsgebunden (→ *Weisung der Gesellschafter*). Andererseits kann die Satzung vorsehen, daß der Gesellschafter-Geschäftsführer Beschlüsse der Gesellschafterversammlung verhindern kann. Er verfügt dann über eine sog. Sperrminorität und kann damit entscheidenden Einfluß auf die Geschicke der Gesellschaft nehmen.

Die Vereinbarung einer Sperrminorität zugunsten des Gesellschafter-Geschäftsführers in der Satzung führt im Ergebnis dazu, daß der Gesellschafter-Geschäftsführer, obwohl er nicht Mehrheitsgesellschafter ist, nicht als Arbeitnehmer im sozialversicherungsrechtlichen Sinne angesehen wird und dementsprechend nicht sozialversichungspflichtig ist. Damit kann das Merkmal der Sperrminorität zur Abgrenzung herangezogen werden, ob der Gesellschafter-Geschäftsführer als Arbeitnehmer im oben genannten Sinne anzusehen ist (→ *Sozialversicherung*).

Stammkapital

1. Überblick

Eine Definition des Begriffs liefert das GmbHG nicht. In § 3 I Nr. 3 GmbHG wird ausdrücklich erwähnt, daß die Satzung den Betrag des Stammkapitals enthalten muß. Das Stammkapital drückt zumindest bei der Gründung einer GmbH eine Art Ziel für die Eigenkapitalausstattung aus. Stammkapital und Eigenkapital müssen nicht identisch sein. Bereits bei der Gründung kann es zu Abweichungen kommen. Durch das Stammkapital soll die GmbH mit gewissen Eigenmitteln ausgestattet werden, um somit die Interessen der Gläubiger zu schützen.

2. Einzelfragen

- **Pflicht der Gesellschafter:** Die Gesellschafter sind deshalb verpflichtet, die möglichst vollständige Aufbringung des Stammkapitals zu gewährleisten. Die Aufbringung erfolgt dadurch, daß die Gesellschafter ihre Einlage erbringen.

  Die Höhe des Stammkapitals (derzeit 25.000,00 Euro) ist gem. § 10 I 3 GmbHG beim Handelsregister einzutragen und bekannt zu geben (sog. Anzeigepflicht). Nachdem die GmbH entstanden ist, trifft den Gesellschafter die Pflicht, das Stammkapital zu erhalten (sog. Erhaltungspflicht). Maßgebliche Vorschriften sind die §§ 30, 31 GmbHG. Ob die Vorschriften zur Erhaltungspflicht tatsächlich ausreichend sind, ist fraglich. Zum einen ist fraglich, inwieweit heute noch an der Mindestkapitalgrenze von 25.000,00 Euro, zumindest bei Neugründungen festgehalten werden kann, denn die Geschäftsvolumen steigen in keinem angemessenen Verhältnis zu der Eigenkapitalausstattung. Des weiteren werden nur Entnahmen durch die Gesellschafter erfaßt und nicht auch Vermögenseinbußen aufgrund schlechter Geschäftsführung.

  Es besteht die Möglichkeit den Betrag des Stammkapitals zu ändern. Es bedarf dazu aber einer Satzungsänderung gem. §§ 53 ff. GmbHG. Kommt es zu einer Kapitalherabsetzung, ist § 58 GmbHG zu beachten.

- **Pflicht des Geschäftsführers:** Befindet sich die GmbH in einer wirtschaftlichen Krise und wurde das Stammkapital bis zur Hälfte verbraucht, ist der Geschäftsführer verpflichtet, unverzüglich (ohne schuldhaftes Zögern = sofort nach Kenntniserlangung) eine Gesellschafterversammlung einzuberufen *(§ 49 III GmbHG)*.

- **Haftung des Geschäftsführers:** Kommt es abweichend von der Regelung des § 30 GmbHG dennoch zu Auszahlungen an einen Gesellschafter, haftet dieser gem. § 31 GmbHG auf die Rückzahlung des Betrages *(→ Haftung)*.

Steuererklärung

1. Überblick

Die Verpflichtung zur Erstellung der Steuererklärung trifft in der GmbH den Geschäftsführer. Er muß die Erklärung rechtzeitig und unterschrieben sowie unter Umständen mit einer Wahrheitsbescheinigung beim zuständigen Finanzamt einreichen.

2. Einzelfragen

- **Keine Übertragbarkeit auf andere Personen:** Diese Aufgabe kann nicht an einen Handlungsbevollmächtigten oder Prokuristen übertragen werden. Verletzt der Geschäftsführer diese Pflicht und kommt es somit zu Steuerschulden, trifft ihn persönlich die Steuerhaftung. Die Rechtsgrundlage dafür bietet § 69 AO. Daneben muß immer noch eine Bestrafung wegen Steuerhinterziehung in Betracht gezogen werden. Bei mehreren Geschäftsführern trifft grundsätzlich jeden von ihnen die Verantwortung für die ordnungsgemäße Steuerabführung der Gesellschaft. Zwar kann die Haftung durch Aufgabendelegation auf einzelne Geschäftsführer beschränkt werden. Allerdings trifft dennoch jeden Geschäftsführer die Überwachungspflicht. Bestehen begründete Zweifel, muß entweder sofort selbst eingegriffen oder fachkundiges Personal mit dieser Aufgabe betraut werden.

  Der Geschäftsführer kann sich nicht darauf berufen, daß ihm die notwendigen Fachkenntnisse gefehlt hätten, denn dann wäre er verpflichtet gewesen, Fachkundige zu Rate zu ziehen.

- **Steuerhaftung:** Regelmäßig kommt es zu einer Steuerhaftung bei der Umsatzsteuer, Lohnsteuer, Körperschaftssteuer und Gewerbesteuer. Hohe Geldbußen bis zu DM 10.000,00 werden vor allem bei Verstößen bezgl. der Umsatz- und Lohnsteuer verhängt.

- **Vorrangige Steuern:** Verfügt die GmbH nicht über ausreichende finanzielle Mittel, um sowohl ihre Steuerverbindlichkeit zu erfüllen, als auch die Gläubigerverbindlichkeiten, gilt, daß sie vorrangig die anderen Verbindlichkeiten erfüllt, bevor sie die Abzugssteuern (Lohnsteuer und Kapitalertragssteuer) abführt. Ansonsten gilt der Grundsatz der anteiligen Teilung. Danach werden die Steuerschulden im gleichen Verhältnis wie die anderen Verbindlichkeiten gegenüber den anderen Gläubigern getilgt.

- **Haftung des Geschäftsführers:** Die Dauer der Haftung des Geschäftsführers bestimmt sich nach seiner Amtszeit. Beendet der Geschäftsführer seine Tätigkeit in der GmbH, haftet er nicht mehr für künftige Steuerverbindlichkeiten. Ansonsten endet die Haftung des Geschäftsführers durch Eröffnung des Insolvenzverfahrens oder wenn dem Geschäftsführer ein anderes Verfügungsverbot auferlegt wird.

In diesen Zusammenhang fällt auch die Steuerhinterziehung. In § 370 AO werden die Varianten der Steuerhinterziehung aufgeführt:

- Wenn gegenüber den Finanzbehörden über steuerlich erhebliche Tatsachen unrichtige oder unvollständige Angaben gemacht werden.
- Wenn Finanzbehörden über steuerlich erhebliche Tatsachen in Unkenntnis gelassen werden.
- Wenn pflichtwidrig die Verwendung von Steuerzeichen oder Steuerstempeln unterlassen wird und dadurch Steuern verkürzt oder dadurch für sich oder einen anderen nicht gerechtfertigte Steuervorteile erlangt werden.

Liegt danach eine Steuerhinterziehung vor, wird eine Geldstrafe oder eine Freiheitsstrafe von bis zu fünf Jahren verhängt. Bei juristischen Personen und somit auch bei der GmbH trifft es den hauptverantwortlich Handelnden und somit meist den Geschäftsführer.

- **Gründe für Steuerfahndung:** Die Anlässe dafür, daß die Steuerfahndung ins Haus kommt, sind sehr verschieden. Häufige Fälle sind sicher, daß ein Mitwisser, z.B. ein Angestellter Anzeige oder ein Mittäter, Selbstanzeige erstattet, um selbst straffrei zu bleiben. Die Selbstanzeige bewirkt, daß andere keine Selbstanzeige mehr stellen können.
Die Banken sind verpflichtet, über Freistellungsaufträge Auskunft zu geben. Außerdem erstatten Finanzämter Kontrollmitteilungen, wenn bei Erbschaften das Kapitalvermögen DM 100.000,00 übersteigt.

- **Steuerverfahren:** Im Steuerverfahren hat der Betroffene zwar im Gegensatz zum Strafverfahren eine Mitwirkungspflicht. Allerdings entfällt die Erzwingungsmöglichkeit, wenn der Betroffene sich dadurch selbst belasten würde. Verweigert der Betroffene danach zu Recht die Mitwirkung, kann das Finanzamt zum Instrument der Schätzung greifen *(§ 162 AO)*. Häufig wird sich aber dann der Betroffene bereit erklären, abweichend von seinen Rechten doch die gewünschten Auskünfte zu erteilen.
Das Finanzamt oder die Steuerfahndung können sich diverser Mittel bedienen, um die notwendigen Informationen zu erhalten. Regelmäßig werden sie deshalb an die Banken herantreten und diese werden ihnen alle gewünschten Informationen erteilen, denn es gibt weder ein Bankgeheimnis noch ein Aussageverweigerungsrecht zugunsten der Banken.

- **Zugelassene Vertreter im Steuerverfahren:** In einem Steuerverfahren werden regelmäßig Anwälte aufgrund ihrer prozessualen Kenntnisse die Verteidigung übernehmen. Daneben besteht die Möglichkeit, daß ein Steuerberater als Verteidiger zugelassen wird *(§ 138 II StPO)*. Bei schwierigen und umfangreichen Verfahren, in denen sowohl prozessuale Probleme als auch steuerrechtliche Fragen erörtert werden müssen, ist es teilweise angezeigt, daß ein Rechtsanwalt zusammen mit einem Steuerberater, wobei auch Wirtschaftsprüfer oder Steuerbevollmächtigte denkbar sind, gemeinsam die Verteidigung des Mandanten übernehmen. Das Gesetz sieht in § 392 I AO eine entsprechende Regelung vor.

- **Verjährung:** Bei der Frage der Verjährung muß differenziert werden:
  - Die steuerlichen Verjährungsfristen, die sich auf die Festsetzung der Steuern beziehen, beginnen mit der Jahres- bzw. Monatserklärung und enden maximal nach zehn Jahren.
  - Die strafrechtliche Verjährungsfrist beläuft sich auf maximal fünf Jahre.

3. Tips und Beispiele

Es sollte stets darauf geachtet werden, daß bereits leichtfertige Steuerverkürzungen gem. § 378 AO unter Strafe gestellt sind!

Steuerliche Behandlung des Geschäftsführergehalts

1. Überblick

Die Bezüge des Geschäftsführers im Rahmen seiner Tätigkeit stellen grundsätzlich Betriebsausgaben der GmbH dar. Es ist dabei unerheblich, ob es sich um Einkünfte aus nichtselbständiger oder selbständiger Tätigkeit handelt.
In Ausnahmefällen werden die Bezüge als verdeckte Gewinnausschüttungen behandelt (→ *Verdeckte Gewinnausschüttung*). Angenommen wird das bei unangemessen hohen Bezügen des Gesellschafter-Geschäftsführers. Weiterhin gilt Entsprechendes, wenn der Geschäftsführer zwar selbst nicht Gesellschafter ist, aber einem Gesellschafter sehr nahe steht (Ehegatte, Kind etc.).

2. Einzelfragen

- **Steuerfreie Gehaltsbestandteile des Geschäftsführers:** Grundsätzlich stellen sämtliche Bezüge des Geschäftsführers Einkünfte aus nichtselbständiger Arbeit dar und unterliegen somit der Lohnsteuer.
Andererseits sind nach § 3 Nr. 62 1 EStG Ausgaben des Arbeitgebers für die Zukunftssicherung des Arbeitnehmers steuerfrei, wenn die Ausgaben aufgrund einer gesetzlichen Verpflichtung des Arbeitgebers geleistet wurden. Damit sind Beitragsteile des Arbeitgebers zur gesetzlichen Sozialversicherung und der Arbeitslosenversicherung steuerfrei. In Bezug auf den GmbH-Geschäftsführer bedeutet das, daß es sich um einen abhängig Beschäftigten im sozialversicherungsrechtlichen Sinne handelt.

Beim Fremdgeschäftsführer liegt diese Voraussetzung zweifelsfrei vor. Eine differenzierte Betrachtungsweise muß beim Gesellschafter-Geschäftsführer vorgenommen werden (→ *Sozialversicherung*). Handelt es sich beim Gesellschafter-Geschäftsführer danach nicht um einen abhängig Beschäftigten, sind die gezahlten Zuschüsse nicht von der Lohnsteuer befreit.
Damit ist noch nicht die Frage beantwortet, ob der an den Gesellschafter-Geschäftsführer gezahlte Zuschuß als Betriebsausgabe anerkannt wird und somit nicht der Steuer unterliegt oder ob es sich nicht vielmehr um eine verdeckte Gewinnausschüttung handelt. Für die Annahme einer Betriebsausgabe muß eine entsprechende Regelung im Geschäftsführervertrag vorhanden sein. Anderenfalls liegt eine verdeckte Gewinnausschüttung vor. Anerkannt ist aber, daß in der dauernden Zahlung des Arbeitgeberbeitrages und der ständigen Verbuchung eine mündliche Veränderung des Geschäftsführervertrages vorgenommen wurde. Folglich werden die Beträge dann nicht mehr rechtsgrundlos gezahlt und stellen damit auch keine verdeckte Gewinnausschüttung dar.

- **Einzelne Positionen:** Die GmbH kann ihrem Geschäftsführer entstandene Reisekosten steuerfrei erstatten, wobei es in den letzten Jahren zu Einschränkungen kam:
Fahrkosten können weiterhin in der tatsächlich entstandenen Höhe steuerfrei erstattet werden.
Dagegen werden bei Verpflegungsmehraufwendungen und Unterbringungskosten nur noch Pauschbeträge seitens der GmbH steuerfrei erstattet, unabhängig davon, wie hoch die tatsächlichen Kosten waren.

Folgende Pauschbeträge sind nach § 4 V 1 Nr. 5 steuerfrei:
– Bei Abwesenheit von 24 Stunden ein Pauschbetrag von DM 46,00.
– Bei Abwesenheit von mindestens 14 Stunden ein Pauschbetrag von DM 20,00.
– Bei Abwesenheit von mindestens acht Stunden ein Pauschbetrag von DM 10,00.
Die Kosten der Übernachtung können zwar grundsätzlich in voller Höhe erstattet werden. Allerdings ist es ebenfalls zulässig die Übernachtungskosten bei Inlandsreisen mit einem Pauschbetrag von DM 39,00 durch die GmbH zu erstatten.
Die private Pkw-Nutzung des gesellschaftseigenen PKW durch einen Fremdgeschäftsführer ist lohnsteuerpflichtig, weil die private Nutzung einen geldwerten Vorteil aus dem Dienstverhältnis darstellt. → *Dienstwagen*

3. Tips und Beispiele

- Ist der Geschäftsführer für die Gesellschaft eine Zeitlang im Ausland tätig, bleibt er unbeschränkt steuerpflichtig.

- Wird dem Gesellschafter-Geschäftsführer ein PKW zur privaten Nutzung überlassen, sollte diese Vorteilsgewährung im Geschäftsführervertrag enthalten sein. Ansonsten besteht wiederum die Gefahr einer verdeckten Gewinnausschüttung.

Stille Beteiligung

1. Überblick

Die Errichtung einer stillen Gesellschaft richtet sich nach den §§ 230 ff. HGB. Es handelt sich um eine Innengesellschaft, sie tritt nach außen nicht in Erscheinung und wird nicht im Handelsregister eingetragen. Die „GmbH & Still" hat als Innengesellschaft kein eigenes Vermögen. Eigentümer des Betriebsvermögens ist die GmbH.

2. Einzelfragen

- **Die typische stille Gesellschaft:** Der typische stille Gesellschafter ist nicht gleichzeitig Gesellschafter einer GmbH, sondern bildet mit dieser Gesellschaft zusammen eine weitere Gesellschaft („GmbH & Still"), wobei sich der stille Gesellschafter mit einer Vermögenseinlage beteiligt.
Er ist aber nicht an dem Vermögen der Gesellschaft beteiligt und hat zudem auch keine Mitspracherechte, abgesehen von den in § 233 HGB genannten, so daß seine Rolle eher an einen Darlehensgeber erinnert.
Der stille Gesellschafter ist indes kein Darlehensgeber, denn seine Vermögenseinlage wird nicht fest verzinst, sondern er erhält eine Gewinnbeteiligung. Handelt es sich um eine unangemessen hohe Gewinnbeteiligung und ist der stille Gesellschafter gleichzeitig Gesellschafter der GmbH, liegt eine verdeckte Gewinnausschüttung vor.

- **Die atypische stille Gesellschaft:** Sie liegt vor, wenn dem stillen Gesellschafter weitergehende Rechte eingeräumt werden, so daß er Einfluß auf die Unternehmensleistung nehmen kann.
Eine weiteres starkes Indiz für eine atypische stille Beteiligung ist, wenn der stille Gesellschafter nicht nur an Gewinn und Verlust, sondern zudem am Vermögen der GmbH beteiligt ist.
Der atypische stille Gesellschafter unterliegt aufgrund seiner Ähnlichkeit zu den anderen Gesellschaftern der Haftung des § 32 a GmbHG.

- **Steuerliche Behandlung:** Sie richtet sich danach, ob es eine typische oder atypische Gesellschaft ist. Die GmbH ist verpflichtet, vom Gewinnanspruch des stillen Gesellschafters 25% als Kapitalertragssteuer einzubehalten *(§§ 43 I Nr. 3; 43 a I Nr. 1 EStG).* Der Kapitalertragssteueranspruch entsteht, sobald dem Gläubiger die Erträge zugeflossen sind *(§ 44 EStG).* Anders verhält es sich im Falle einer atypischen stillen Gesellschaft, denn hier ist der Beteiligte Mitunternehmer, so daß er Einkünfte aus Gewerbe hat, welche gem. § 15 I Nr. 2 EStG zu versteuern sind. Das gilt auch, wenn der atypische stille Gesellschafter der Gesellschaft Vermögensgegenstände zur Nutzung überlassen hat und dafür eine Vergütung erhält.

3. Tips und Beispiele

Eine „GmbH & Still" bietet sich dann an, wenn die stillen Gesellschafter nicht nur am Gewinn, sondern auch am Verlust beteiligt sind, denn dann können die auf die stillen Gesellschafter entfallenden Verlustanteile von den Gesellschaftern im Rahmen der übrigen positiven Einkünfte ausgeglichen werden.

Strafbarkeit des Geschäftsführers

Es gibt eine Reihe von Strafvorschriften, die den Geschäftsführer unmittelbar betreffen, obwohl aufgrund des Trennungsprinzips die persönliche Haftung des Geschäftsführers nicht den Regelfall darstellt:
- Das GmbHG enthält selbst strafrechtliche Vorschriften *(§§ 82, 84 und 85 GmbHG),* nach denen das Verhalten des Geschäftsführers sanktioniert wird.
- Weiterhin gibt es eine Reihe von Strafvorschriften in Spezialgesetzen, die sich mit speziellen Wirtschaftszweigen beschäftigen *(→ Umweltstrafrecht).*
- Zu erwähnen sind die allgemeinen Strafvorschriften und insbesondere die §§ 263ff. StGB, also Betrugs- und Untreuetatbestände.
- Eine Strafbarkeit des Geschäftsführers kann sich auch ergeben, wenn er seine Produktbeobachtungspflicht *(→ Produkthaftung)* verletzt hat. Der Geschäftsführer wird danach verantwortlich gemacht, wenn es in Zusammenhang mit einem Produkt zu Schädigungen kam, die nicht unmittelbar auf eine Handlung des Geschäftsführers zurückzuführen waren. Dabei trifft ihn die Pflicht, sich zu vergewissern, daß keine Gefahren von dem Produkt ausgehen. Ihm obliegt somit eine Kontrollpflicht.

T

Tagesordnung

1. Überblick

Die ordnungsgemäße Einberufung der Gesellschafterversammlung ist an verschiedene Voraussetzungen geknüpft, damit sich die Gesellschafter auf die Gesellschafterversammlung vorbereiten können und soll deshalb die Tagesordnung mit den Beschlußgegenständen bereits in der Einladung enthalten.

Ein Verstoß gegen diese Sollvorschrift bleibt indes sanktionslos, da § 51 IV GmbHG ein Nachschieben der Tagesordnung bis drei Tage vor der Versammlung zuläßt.

2. Einzelfragen

- **Tagesordnungspunkte:** Eine bestimmte Reihenfolge der Tagesordnungspunkte muß nicht eingehalten werden, denn der Ankündigung der einzelnen Punkte kommt keine rechtlich bindende Wirkung für die tatsächliche Reihenfolge in der Versammlung zu.

  Andererseits muß die Bezeichnung der Tagesordnungspunkte bzw. der Beschlußthemen eindeutig erfolgen, denn auch derjenige Gesellschafter, der nicht ständig mit den Gesellschaftsangelegenheiten betraut ist, soll die Bedeutung der Beschlußfassung erkennen können.

- **Ankündigungsmängel:** Mängel der Ankündigung, weil etwa Tagesordnungspunkte gar nicht oder nicht eindeutig erfolgten, können zur Anfechtung oder gar zur Nichtigkeit der gefaßten Gesellschafterbeschlüsse führen.

Tantieme

1. Überblick

Die Vergütung des Geschäftsführers kann entweder über feste Bezüge oder erfolgsabhängige Bezüge, sog. Tantieme, erfolgen. Tantieme können in verschiedenen Formen gewährt werden.

2. Einzelfragen
* **Arten von Tantiemen:**
  - Zum einen gibt es die variable Tantieme (Gewinntantieme oder auch Umsatztantieme). Umsatztantiemen werden in der Praxis seltener vereinbart, aufgrund der Gefahr, daß der Geschäftsführer dann lediglich Umsatzinteressen verfolgt und dabei die Rentabilität für das Unternehmen vernachlässigt. Auf der anderen Seite empfehlen sich Umsatztantiemen bei neuen Gesellschaften oder noch gewinnschwachen Unternehmen.
  - Zum anderen werden auch häufig sog. Fixtantiemen vereinbart, die auf die variablen Tantiemen angerechnet werden.

* **Berechnungsgrundlage:** Sofern nicht anders vereinbart, stellt die Handelsbilanz die maßgebliche Berechnungsgrundlage für Gewinntantiemen dar. Rücklagen und Tantiemen selbst sind vorher nicht abzuziehen. Ein Verlustvortrag, der nach der Tantiemenpflicht entstanden ist, ist ebenfalls nicht anzurechnen. Abzuziehen vom Jahresgewinn sind ein Gewinnvortrag, die Körperschafts- und Vermögenssteuer und außergewöhnliche Erträge. Die Berechnungsgrundlage für Umsatztantiemen richtet sich nach der vereinbarten Bezugsgröße und dem von der Gesellschaft angestrebten Zweck der Tantiemenregelung. Scheidet ein Geschäftsführer während des laufenden Geschäftsjahres aus, erhält er eine anteilige Tantieme bezogen auf das gesamte Geschäftsjahr und nicht für den aktiven Zeitraum der Geschäftsführung.

* **Tantiemenanspruch:** Der Anspruch entsteht regelmäßig zum Ende des Geschäftsjahres mit Feststellung des Jahresabschlusses, abgesehen von möglichen Vorauszahlungen, wenn Tantiemen für das Geschäftsjahr gezahlt werden.

3. Tips und Beispiele

* **Regelung im Anstellungsvertrag:** Im Anstellungsvertrag sollte die Art und die Höhe der Tantieme genau geregelt werden. Vor allem bei Gesellschafter-Geschäftsführern ist eine vertragliche Regelung aus steuerlichen Gründen angezeigt. Läßt sich aus dem Vertrag keine genaue Regelung, auch nicht durch Auslegung, entnehmen, wird die Höhe der Tantieme nach billigem Ermessen bestimmt.

* **Gesellschafter-Geschäftsführer:** Erhält der Gesellschafter-Geschäftsführer als Vergütung eine Umsatztantieme und ist diese vereinbart worden ohne Angabe eines wichtigen Grundes, so wird die Umsatztantieme steuerrechtlich als verdeckte Gewinnausschüttung behandelt *(BFH GmbHR 1989, 475; BFH GmbHR 1978, 93).*

Tausch von Anteilen

Anteile werden regelmäßig aufgrund eines Kaufvertrages veräußert. Der Abschluß des Kaufvertrages verpflichtet den Veräußerer zur Abtretung der Anteile und den Käufer zur Bezahlung des Kaufpreises, wobei der Kaufpreis regelmäßig der Verkehrswert ist. Statt gegen Geld kann ein Anteil aber auch gegen einen anderen Anteil hingegeben und somit im Wege des Tausches abgetreten werden.

Teilung von Anteilen

1. Überblick

Ein Anteil kann dergestalt geteilt werden, daß nach seiner Teilung mehrere selbständige Anteile entstehen. Jeder Teil wird nach seinem Nennbetrag bezeichnet. Die Summe der Nennbeträge muß dem Nennbetrag des ursprünglichen Anteils entsprechen.

Keine Teilung liegt vor, wenn nur einzelne, aus der Mitgliedschaft fließende vermögensrechtliche Ansprüche (z.b. Dividendenanspruch) veräußert werden.

2. Einzelfragen

- **Teilungsvoraussetzungen:** Die Teilung von Anteilen kann durch die Satzung erschwert oder gar ausgeschlossen werden. Die Teilung kann an weitere Voraussetzungen geknüpft werden. Es kann z.b. ein einstimmiger Gesellschafterbeschluß verlangt werden, oder daß die durch Teilung entstehenden Anteile bestimmte Mindestnennbeträge haben müssen oder daß sie kein Stimmrecht haben.
Die Teilung von Anteilen ist gem. § 17 GmbHG nur möglich, wenn einzelne Teile veräußert oder vererbt werden. Der Betrag des Teilanteils muß auf den gesetzlichen Mindestnennbetrag einer jeden Stammeinlage – DM 500,00 – lauten. Ferner muß er durch DM 100,00 teilbar sein.
Letztlich bedarf es der schriftlichen Genehmigung der Gesellschaft.
- **Unzulässigkeit der Teilung:** Eine Teilung ist nicht möglich bei der Schaffung von Anteilen bzw. im Wege der Gründung oder einer Kapitalerhöhung, denn jeder Gesellschafter kann nur eine Stammeinlage übernehmen.
Nicht möglich ist ebenfalls eine Vorratsteilung, d.h. eine Teilung durch eine einseitige Maßnahme. In diesem Falle besteht auch nicht die Möglichkeit, daß die Satzung eine entsprechende Teilung gestattet.
Unzulässig und nichtig ist gem. § 17 V GmbHG die Übertragung von Teilanteilen, wenn mehrere Teile von Anteilen gleichzeitig an denselben Erwerber übertragen werden.

Tendenzunternehmen

Tendenzunternehmen sind Unternehmen, die überwiegend politischen, karitativen, erzieherischen oder künstlerischen Zwecken dienen. Die Vorschriften des Betriebsverfassungsgesetzes und diejenigen über die Betriebsänderungen gelten nur beschränkt. Alle weiteren Bestimmungen, z.b. über die Mitbestimmung sind unanwendbar, soweit sie der Eigenart des Tendenzbetriebes entgegenstehen.

Tod des Geschäftsführers

Durch den Tod des Geschäftsführers endet automatisch dessen Amt. Die Erben rücken nicht in die Position des Geschäftsführers nach. Gleiches gilt im Falle des Gesellschafter-Geschäftsführers. Der Anteil ist zwar vererblich, allerdings ist der Geschäftsführer gesondert zu bestellen.

Tod des Gesellschafters

1. Überblick
Stirbt ein Gesellschafter, geht gem. § 1922 BGB sein gesamtes Vermögen auf dessen Erben über und damit auch der Anteil.

2. Einzelfragen
- **Erbfolge kraft Gesetzes:** Stirbt ein Gesellschafter und hat er keine letztwillige Verfügung errichtet, geht dessen Anteil gem. § 1922 BGB auf den oder die Erben über. Sind mehrere Erben vorhanden, steht ihnen der Anteil ungeteilt zu und zwar in Gesamthandsgemeinschaft. Sie können nur gemeinsam über den Anteil verfügen. Verfügungen über einen Anteil bedürfen gem. § 2033 BGB der notariellen Form und zwar auch dann, wenn der GmbH-Anteil an einen Erben abgetreten wird. Sieht die Satzung im Falle der Abtretung von Anteilen die Genehmigung der GmbH vor, ist diese ebenfalls erforderlich.
Mit dem erworbenen Anteil gehen automatisch sämtliche Rechte und Pflichten des Erblassers auf die Erben über, z.B. auch die Zahlung einer noch rückständigen Stammeinlage. Die Miterben haften der Gesellschaft gegenüber gem. § 18 II GmbHG gemeinschaftlich.
Da die Erben kraft Gesetzes Gesellschafter werden, ist eine Anmeldung gem. § 16 GmbHG gegenüber der Gesellschaft nicht erforderlich.

- **Erbfolge kraft letztwilliger Verfügung:** Der Erblasser kann über sein Vermögen letztwillig frei verfügen. Gewisse Einschränkungen können sich allerdings ergeben. Zunächst im Falle des Erbvertrages und des gemeinschaftlichen Testaments. Ferner sind die Pflichtteilansprüche zu berücksichtigen. Letztlich ist stets zu prüfen, in welchem Güterstand der Erblasser lebte. Bestand zwischen den Eheleuten der gesetzliche Güterstand der Zugewinngemeinschaft, erhält der überlebende Ehepartner neben dem Pflichtteil ein Viertel der Erbschaft und zwar als Ausgleich des Zugewinns.

Der Erblasser kann im Wege einer letztwilligen Verfügung für den gesamten Nachlaß einen oder mehrere Erben einsetzen. Bei mehreren Erben entsteht auch bezüglich des Anteils eine Erbengemeinschaft. Die Erbengemeinschaft kann aufgelöst werden durch Zuteilung des Anteils an einen Miterben, durch Aufteilung des gemeinschaftlichen Anteils auf die einzelnen Erben und durch Veräußerung des Anteils an einen Dritten.

Der Erblasser kann aber sein Vermögen auch gezielt verteilen; z.B. kann er seine Kinder als Erben einsetzen. Davon ausgenommen ist aber der Anteil. Diesen soll ein Dritter erhalten und zwar im Zuge eines Vermächtnisses. Der Dritte erhält den Anteil dann auf folgendem Wege:
- Die Erben werden zunächst Inhaber des Anteils.
- Der Dritte hat schuldrechtlichen Anspruch gegenüber den Erben, daß der Gesellschaftsanteil abgetreten wird.
- Die Abtretung des Anteils erfolgt wie bei der Veräußerung eines Anteils (→ *Veräußerung von Anteilen*).

3. Tips und Beispiele

- **Vermächtnis eines Teilanteils:** Möglich ist auch, daß dem Dritten lediglich ein Teil des Anteils vermacht wird. Dann müssen zusätzlich die Voraussetzungen bezüglich der Teilung von Anteilen erfüllt werden (→ *Teilung von Anteilen*). Das Vermächtnis kann nicht erfüllt werden, wenn die für die Abtretung notwendige Genehmigung nicht erteilt wird oder die Satzung eine Teilung der Anteile ausschließt. In dieser Situation besteht die Möglichkeit, daß der Vermächtnisnehmer seine Ansprüche einem Gesellschafter oder Dritten abtritt, dem die Genehmigung erteilt wird.
Die Erben sind verpflichtet, eine Genehmigung zu beantragen. Darüber hinaus dürfen sie die Genehmigungserteilung nicht vereiteln. Andernfalls hat der Vermächtnisnehmer einen Schadensersatzanspruch gegenüber den Erben.

- **Vorausvermächtnis:** Ferner kann der Erblasser auch im Wege eines Vorausvermächtnisses verfügen, daß ein Miterbe den Anteil im Wege des Vorausvermächtnisses gem. § 2150 BGB erhalten soll. Der Vorteil liegt darin, daß der Anteil nicht auf das Erbteil des bedachten Erben angerechnet wird, so daß der Erbe die Erbschaft ausschlagen kann und nur das Vermächtnis annimmt oder umgekehrt. Davon abzugrenzen ist die Teilungsanordnung (§ 2048 BGB). Bei der Teilungsanordnung wird der Anteil auf den Erbteil des Bedachten angerechnet. Weiterhin kann der Bedachte nicht nur die Erbschaft ausschlagen und den Anteil annehmen. Hat der Erblasser durch Teilungsanordnung die Aufteilung des Anteils unter den Miterben angeordnet, müssen wiederum die Vorschriften bezüglich der Teilung von Anteilen berücksichtigt werden.

Traditionspapiere

Als Traditionspapiere werden der Lagerschein, der Ladeschein und das Konnossement (Frachtbrief im Seegüterverkehr) bezeichnet. Mit Übergabe eines Traditionspapiers verschafft der Lieferant dem Abnehmer Eigentum an der Ware und bewirkt somit die Lieferung, auch wenn sich die Ware noch nicht im Besitz des Abnehmers befindet.

Trennungsprinzip

Ein wesentliches Merkmal der GmbH ist, daß der oder die Gesellschafter für keine Verbindlichkeiten der GmbH persönlich haften (→ *Haftung)*. Für Verbindlichkeiten der Gesellschaft haftet nur das Gesellschaftsvermögen. Dies ist selbst dann der Fall, wenn Einlageverpflichtungen noch nicht geleistet wurden. Hat der GmbH-Gesellschafter seine Einlage nicht erbracht, haftet er auch dann nicht den Gläubigern der GmbH unmittelbar persönlich in Höhe seiner Einlageverpflichtung. Er schuldet die Verbindlichkeit nur der GmbH gegenüber. Anders ist das im Falle des Kommanditisten einer KG.

Treuepflicht

1. Überblick

Die Treuepflicht ist gesetzlich nicht normiert. Sie läßt sich aber als allgemeiner Grundsatz auffassen. Die Geschäftsführer und auch die Gesellschafter haben alles zu unterlassen, was den Interessen der Gesellschaft schaden könnte. Positiv formuliert, müssen alle gemeinsam versuchen, das Gesellschaftsziel zu erreichen. Die Treuepflicht kann sich an verschiedenen Stellen auswirken.

2. Einzelfragen

- **Gesellschafterbeschlüsse:** Zum Tragen kommt die Treuepflicht häufig im Rahmen von Gesellschafterbeschlüssen. Hier kann man gezwungen sein, aufgrund der Treuepflicht ein bestimmtes Abstimmungsverhalten an den Tag zu legen.

- **Riskante Geschäfte:** Der Geschäftsführer ist aufgrund seiner Treuepflicht dazu angehalten, keine Geschäfte für die Gesellschaft abzuschließen, die ihr nachhaltig schaden könnten, z.b. im Falle von „Spekulationsgeschäften" (→ *Spekulationsgeschäft*). Hierbei kann sich aufgrund der Treuepflicht des Geschäftsführers gegenüber der Gesellschaft ergeben, daß er die Gesellschafter über die geplante Maßnahme in Kenntnis setzt. Des weiteren kann zur Absicherung des weiteren Vorgehens die Einholung eines Gesellschafterbeschlusses notwendig sein.

- **Verstöße gegen die Treuepflicht:** Die Konsequenzen, wenn gegen Treuepflichten verstoßen wird, sind verschieden. Wird z.B. ein Geschäftsführer aufgrund eines gegen die Treuepflicht verstoßenden Gesellschafterbeschlusses gezwungen, eine bestimmte Handlung vorzunehmen oder zu unterlassen, besteht die Möglichkeit der Anfechtung. Des weiteren können Schadensersatzansprüche begründet werden.

Typenvermischung
→ *GmbH & Co. KG*

U

Überschuldung
→ *Insolvenz*

Überwachungspflicht des Geschäftsführers

1. Überblick
Die Überwachungspflicht des Geschäftsführers hat nicht nur zivilrechtliche Auswirkungen, sondern kann daneben auch strafrechtliche Folgen haben.

2. Einzelfragen
- **Produktüberwachung**: Gerade im Bereich Produktsicherheit trifft den Geschäftsführer eine Überwachungspflicht. Kommt es im Zusammenhang mit dem Produkt zu Beeinträchtigungen, muß die Geschäftsführung damit rechnen, daß die Verantwortung zunächst bei ihr gesucht wird und lediglich in zweiter Linie bei dem einzelnen Mitarbeiter. Die Geschäftsführung kann sich auch nicht damit exkulpieren, daß die Zuständigkeit der Produktüberwachung nicht in ihren Bereich fallen würde, denn gewisse Vorfälle betreffen das Unternehmen als Ganzes (→ *Ressortaufteilung*). Ebenfalls unerheblich ist der Einwand, daß die Gefährlichkeit des Produkts nicht bekannt gewesen wäre.

- **Ordnungsgemäße Überwachung**: Die Geschäftsführung und damit die Geschäftsführer werden nur dann nicht aufgrund eines Überwachungsfehlers belangt, wenn sie nachweisen können, daß sie nach den Schadenvorfällen unmittelbar Maßnahmen ergriffen haben, um weitere Schäden zu verhindern. In jedem Falle muß unverzüglich eine Warnung an alle Benutzer des Produkts ausgesprochen und nach Möglichkeit mit Hinweisen verbunden werden, damit es zu keinen weiteren Schäden kommt. Reichen indes Hinweise nicht aus, muß die Geschäftsführung notfalls den Rückruf des Produkts veranlassen. Nur auf diese Weise kann der Geschäftsführer seiner Überwachungspflicht nachkommen.

Umsatzsteuer

1. Überblick
Die Umsatzsteuer wird auf Lieferungen und sonstige Leistungen (z.b. Beratungen) und auf den Eigenverbrauch der Unternehmen erhoben. Der Umsatzsteuersatz beträgt seit dem 1.4.1998 16%.

2. Einzelfragen
- **Bareinlagen:** Sie stellen keine Lieferungen oder sonstigen Leistungen dar. Kommt es zu einer Lieferung oder sonstigen Leistungen an einen Gesellschafter und sind in diesem Zusammenhang die Voraussetzungen der verdeckten Gewinnausschüttung erfüllt (→ *Verdeckte Gewinnausschüttung)*, ist für die Umsatzsteuer das vereinbarte Entgelt zugrunde zu legen.

- **Steuerpflicht der GmbH:** Die Steuerpflicht der GmbH ergibt sich gem. § 2 UStG.

- **Befreiungstatbestände:** In § 4 UStG werden die Befreiungstatbestände geregelt. Eine Umsatzsteuerpflicht entfällt bei Umsätzen, die unter eine andere Verkehrssteuer fallen. Ist z.b. Gegenstand der Einlage ein Grundstück, ist die Einbringung umsatzsteuerfrei, denn diese fällt unter das GrEStG. Darunter fallen auch die Vermietung und Verpachtung von Grundstücken. Ebenfalls nicht unter das UStG fallen die Vermittlung von Krediten und zahlreiche weitere Umsätze aus dem Bankgeschäft.

- **Pflicht des Geschäftsführers:** Der Geschäftsführer ist verpflichtet, dafür zu sorgen, daß das Finanzamt nach Fälligkeit der Umsatzsteuer in gleichem Maße befriedigt wird wie die anderen Gläubiger (Grundsatz der anteiligen Tilgung). Werden nur die Gläubigerforderungen getilgt, ohne die fällige Umsatzsteuer an das Finanzamt abzuführen, kann der Geschäftsführer in Höhe der Umsatzsteuerforderung persönlich in Anspruch genommen werden.

Umsatzsteuerpflicht des Geschäftsführers

Der Geschäftsführer wird in Erfüllung seiner Tätigkeit als Organ nicht als Unternehmer i.S.d. UStG angesehen. Erbringt der Geschäftsführer seine Tätigkeit als freier Mitarbeiter, kann die GmbH eine in Rechnung gestellte Umsatzsteuer nicht als Vorsteuer abziehen. Ein Geschäftsführer wird nur dann als selbständiger Unternehmer angesehen, wenn er außerhalb des Geschäftsführungsbereichs tätig wird und vertraglich eine klare Trennung zwischen der Tätigkeit als Berater und dem üblichen Tätigkeitsbereichs eines Geschäftsführers erfolgt.

Umwandlung eines Unternehmens

1. Überblick

Die Umwandlung eines schon bestehenden Unternehmens in eine oder aus einer GmbH ist auf drei Arten möglich: Verschmelzung, Spaltung oder Formwechsel.

2. Einzelfragen

- Umwandlung eines Einzelunternehmens in eine GmbH: Zum einen besteht die Möglichkeit der Einbringung *(§§ 5, 55 GmbHG)*. Die Einbringung kann dadurch erfolgen, daß der Einzelunternehmer eine neue GmbH gründet. Das Einzelunternehmen wird dann als Sacheinlage in die GmbH eingebracht *(→ Sacheinlagen)*. Die andere Variante wäre, daß das Einzelunternehmen im Rahmen einer Kapitalerhöhung in eine bereits bestehende GmbH eingebracht wird. Erforderlich ist dafür, daß ein Beschluß über eine Kapitalerhöhung mit einer Sacheinlage vorliegt *(→ Kapitalerhöhung)*.
Daneben kann die Umwandlung auch durch Veräußerung erfolgen. Dazu wird zunächst eine GmbH mit Barmitteln gegründet. Anschließend werden sämtliche Wirtschaftsgüter des Einzelunternehmens an die GmbH verkauft. Diese Umwandlungsform ist riskant, denn häufig wird der Einzelunternehmer sein Unternehmen an die neugegründete GmbH zum „Buchwert" verkaufen. Eine solche Vorgehensweise könnte leicht zur Annahme einer verdeckten Sacheinlage oder verdeckten Sachgründung führen *(→ Verdeckte Sacheinlage)*.

Zuletzt kann ein Einzelunternehmen im Wege der Ausgliederung in eine GmbH umgewandelt werden. Die Ausgliederung ist eine spezielle Form der Spaltung *(→ Spaltung)*. Die Ausgliederung vollzieht sich, indem das Einzelunternehmen einen Teil seines Vermögens auf eine neue oder bereits bestehende GmbH überträgt *(§ 123 III UmwG)*. Im Gegenzug werden die Anteile des übernehmenden oder neuen Rechtsträgers an den übertragenden Rechtsträger geleistet und nicht an die Anteilsinhaber (so bei der Aufspaltung und Abspaltung). Der übertragende Rechtsträger bleibt damit bestehen. Es entsteht folglich eine Beteiligungsgesellschaft oder Tochtergesellschaft des alten Unternehmensträgers.
Diese Art der Umwandlung kann steuerlich vorteilhaft sein. Gem. § 20 I UmwStG wird der Vorgang, daß ein Rechtsträger Teile seines Vermögens in einen übernehmenden Rechtsträger einbringt und dafür neue Gesellschaftsrechte erhält,

steuerbegünstigt (steuerneutrale Ausgliederung), wenn es sich um die Ausgliederung eines Teilbetriebes oder Mitunternehmeranteils handelt und der übernehmende Rechtsträger eine Kapitalgesellschaft ist oder als Gegenleistung neue Gesellschaftsrechte an ihr gewährt.

- **Umwandlung einer GmbH in eine Einzelfirma:** Der oben beschriebene Vorgang ist auch im umgekehrten Falle möglich. Der Vorgang wird gem. §§ 120–122 i.V.m. §§ 46–59 UmwG als Verschmelzung behandelt. Die Umwandlung einer GmbH in ein Einzelunternehmen wird auf die Verschmelzung durch Aufnahme durch den Alleingesellschafter beschränkt (→ *Verschmelzung*). Problematisch ist, ob die Verschmelzung auf einen Alleingesellschafter erfolgen kann, der bei fehlendem vollkaufmännischen Geschäftsbetrieb nicht im Handelsregister eintragungsfähig ist. Man wird aber auch im letzteren Falle eine Verschmelzung annehmen können, denn durch das Umwandlungsrecht sollten die bestehenden Umwandlungsmöglichkeiten erweitert werden. Des weiteren sind im Rahmen der Handelsrechtsnovelle die Voraussetzungen an den Kaufmannsbegriff gesenkt worden. So wurde eine Unterscheidung zwischen dem Minderkaufmann und dem Vollkaufmann aufgegeben.

- **Umwandlung einer Personenhandelsgesellschaft in eine GmbH:** Sie ist sowohl durch Verschmelzung als auch durch Formwechsel möglich.

- **Umwandlung einer GmbH in eine Personengesellschaft:** Die häufigste Form der Umwandlung einer GmbH in eine Personengesellschaft ist der Formwechsel, daneben sind aber auch die Verschmelzung und Spaltung möglich.

- **Steuerliche Aspekte:** Bei der Umwandlung sind gewisse steuerliche Grundregeln zu beachten.
  Ein Formwechsel von einer GmbH in eine AG oder von einer OHG in eine KG bleibt steuerlich ohne Konsequenzen, denn es ändert sich nur das „äußere Rechtskleid", der steuerliche Status bleibt unverändert. Damit ist der Formwechsel mangels entgegenstehender Vorschriften unter Fortführung der Buchwerte, also ohne Gewinnrealisierung und daraus erwachsende aktuelle Steuerfolgen möglich. Anders verhält es sich, wenn ein Einzelunternehmen in eine GmbH umgewandelt werden soll, wenn sich also der Rechtsformkreis ändert.
  – Bei einem Formwechsel von einer Personengesellschaft zu einer Kapitalgesellschaft kann in den Fällen, in denen ein Betrieb, Teilbetrieb oder Mitunternehmeranteil in die Kapitalgesellschaft gegen Gewährung von Gesellschaftsanteilen eingebracht wird, eine sog. Buchwertverknüpfung stattfinden. Darun-

ter versteht man die Übertragung der Vermögens- und Schuldposten aus der Schlußbilanz der Personengesellschaft in die Eröffnungsbilanz der Kapitalgesellschaft zu unveränderten Werten. Es kommt somit nicht zu einer gewinnrealisierenden Auflösung stiller Reserven und daraus resultierenden Steuerfolgen. Beim Gesellschafter entsteht kein Gewinn. Allerdings haben seine durch den Formwechsel erhaltenen Anteile an der Kapitalgesellschaft einen besonderen Status gem. § 21 UmwG und bleiben bis zu ihrer Veräußerung steuerverhaftet. Der daraus resultierende Gewinn ist stets steuerpflichtig.

– Auch im Falle der Umwandlung einer Kapitalgesellschaft in eine Personengesellschaft ist die Buchwertverknüpfung zulässig, so daß in der formwechselnden Kapitalgesellschaft kein steuerpflichtiger Schlußgewinn entsteht. Andererseits erzielen regelmäßig die jetzigen Gesellschafter der Personengesellschaft einen Übernahmegewinn oder einen Übernahmeverlust, der steuerpflichtig ist. Der Gewinn oder Verlust ergibt sich aus dem Unterschied zwischen dem ihnen anteilig zuzurechnenden Buchwert aus der Schlußbilanz der Kapitalgesellschaft und dem Wert, mit dem ihre Anteile an der Kapitalgesellschaft bisher steuerlich anzusetzen waren.

Umweltstrafrecht

1. Überblick

Die Umweltkriminalität ist ein ständig an Bedeutung zunehmendes Thema. In den §§ 324 ff. StGB werden die Straftaten gegen die Umwelt geregelt. Aber auch außerhalb des StGB gibt es spezielle Nebengesetze, die zu beachten sind:
• Das Wasserhaushaltsgesetz (WHG),
• das Bundes-Immissionsschutzgesetz (BImSchG) und
• das Abfallgesetz (AbfG).

2. Einzelfragen

• **Die wesentlichen Tatbestände:** Dies sind die Gewässerverunreinigung *(§ 324 StGB)*, die Bodenverunreinigung *(§ 324 a StGB)*, die Luftverunreinigung *(§ 325 StGB)* durch eine Anlage oder Maschine.
Des weiteren wird bestraft der unlautere Umgang mit gefährlichen Mitteln *(§ 326 StGB)*.
Unter Strafe gestellt wird ferner die Gefährdung schutzbedürftiger Gebiete *(§ 329 StGB)*.
Zuletzt bestraft § 330a StGB die schwere Gefährdung der Gesundheit oder des Lebens von Menschen durch Freisetzen von Giften.

- **Der Sorgfaltsmaßstab:** Er wird beim Geschäftsführer sehr hoch angesetzt, denn regelmäßig genügt bereits eine fahrlässige Verursachung, um eine Strafbarkeit zu begründen. Ferner wird bereits in einigen Fällen der Versuch unter Strafe gestellt.

- **Die Bestrafung:** Sie reicht von einer Geldstrafe in minder schweren Fällen bis hin zu einer Freiheitsstrafe von bis zu zehn Jahren.

3. Tips und Beispiele

- **Kenntnis aller umweltrechtlichen Vorschriften:** Sie wird vom Geschäftsführer nicht verlangt. Er muß aber sicherstellen, daß behördliche Verfügungen eingehalten werden. Kommt der Geschäftsführer seinen Pflichten nicht nach und entsteht der GmbH dadurch ein Schaden, kann diese ihn unter den Voraussetzungen des § 43 II GmbHG in Regreß nehmen.

- **Im Bereich der Abfallentsorgung:** Hier werden die häufigsten Delikte begangen. Den Geschäftsführer trifft eine gesteigerte Sorgfaltspflicht. Nicht ausreichend ist es, daß der Geschäftsführer lediglich ein gewerbliches Entsorgungsunternehmen beauftragt. Vielmehr trifft den Geschäftsführer eine weitreichende Erkundigungspflicht, ob das Entsorgungsunternehmen einerseits tatsächlich zur Abfallentsorgung fähig und andererseits auch rechtlich ermächtigt ist.

- **Verhinderung einer Strafbarkeit:** Der Geschäftsführer sollte stets genaue Informationen über das Unternehmen einholen und sich die notwendigen Genehmigungen zeigen lassen.

Unterkapitalisierung

1. Überblick

Unterkapitalisierung liegt vor, wenn die Eigenkapitalausstattung der Gesellschaft einschließlich eigenkapitalersetzender Leistungen eindeutig unzureichend ist, so daß ein Mißerfolg mit sehr hoher Wahrscheinlichkeit zu erwarten ist.

2. Einzelfragen

- **Durchgriffshaftung:** In diesem Zusammenhang wird erörtert, ob im Falle einer Unterkapitalisierung eine Durchgriffshaftung (→ *Haftung*) gegen die hinter der Gesellschaft stehenden Gesellschafter angenommen werden sollte. Die Rechts-

sprechung lehnt dies nach wie vor ab. Vor dem Hintergrund, daß die Ausstattung der Gesellschaft mit Eigenkapital grundsätzlich im Ermessen der Gesellschafter steht, solange das vorgeschriebene Mindestkapital von DM 50.000,00 erreicht wird, ist es schwierig zu bestimmen, wann genau eine Unterkapitalisierung vorliegt.
Sonst müßten z.b. die Gesellschafter eines Bauunternehmens ständig befürchten, persönlich in Anspruch genommen zu werden, obwohl sie die Stammeinlage in Höhe von DM 50.000,00 geleistet haben. Gerade bei Bauunternehmen werden die DM 50.000,00 nicht ausreichend sein, wenn demgegenüber das Geschäftsvolumen betrachtet wird.

- **Vermeidung von Unterkapitalisierung**: Einer Unterkapitalisierung kann durch die Erhöhung des Mindestkapitals begegnet werden. Untersuchungen in diesem Zusammenhang haben ergeben, daß Existenzgründungen im Bereich der freien Berufe und Dienstleistungen einen Eigenkapitalbedarf in Höhe von durchschnittlich DM 90.000,00 benötigen und Industrieunternehmen einen Betrag von durchschnittlich DM 300.000,00.

Urlaub

Das BUrlG gilt für den Geschäftsführer nicht, denn er ist kein Arbeitnehmer. Dennoch hat der Geschäftsführer Anspruch auf einen angemessenen Urlaub. Regelmäßig wird die Dauer seines Urlaubs im Anstellungsvertrag geregelt werden. Sofern eine ausdrückliche Regelung fehlt, ergibt sich der Anspruch aus der Fürsorgepflicht der Gesellschaft. Kann der Geschäftsführer seinen Urlaub nicht antreten, ist der nicht genommene Urlaub eventuell finanziell abzugelten.
Der Geschäftsführer hat während seiner urlaubsbedingten Abwesenheit dafür zu sorgen, daß ihn eine Person vertritt.

V

Veräußerung von Anteilen

1. Überblick
Grundsätzlich ist es zulässig, Anteile zu veräußern. In der Satzung kann aber die Veräußerung von Anteilen verboten oder beschränkt werden.

2. Einzelfragen
- **Generelles Verbot:** Auch ein generelles Verbot ist zulässig, denn dem einzelnen Gesellschafter verbleibt immer noch das Austritts- und Kündigungsrecht aus wichtigem Grunde.

- **Vinkulierung:** Des weiteren kann die Veräußerung von Anteilen auch erschwert werden (sog. Vinkulierung). Die Veräußerung von Anteilen kann z.b. von der Zustimmung der Gesellschafter abhängig sein. Danach wäre eine Übertragung nur wirksam, wenn alle Gesellschafter oder die in der Satzung erforderliche Mehrheit zugestimmt haben. Die Zustimmung kann auf zwei Wegen eingeholt werden. Zum einen über einen Gesellschafterbeschluß im Rahmen einer Gesellschafterversammlung und zum anderen über die Zustimmung jedes einzelnen Gesellschafters. Bis zur Erteilung der Genehmigung wäre eine Anteilsveräußerung schwebend unwirksam.

- **Haftung des Veräußernden:** Erfolgt keine Genehmigung durch die übrigen Gesellschafter, macht sich der veräußernde Gesellschafter gegenüber dem Erwerbenden schadensersatzpflichtig.

- **Durchführung der Veräußerung:** Die Veräußerung erfolgt durch Abtretung. Rechtsgrund der Veräußerung wird regelmäßig ein Kaufvertrag sein, worin sich der Verkäufer zur Abtretung der Anteile verpflichtet. Der Vertrag muß notariell beurkundet sein *(§ 15 III, IV GmbHG)*. Die Vorschrift ist zwingend.
Im übrigen muß bei der Veräußerung von Anteilen zwischen dem obligatorischen und dem dinglichen Geschäft unterschieden werden, d.h. zwischen der Verpflichtung zur Abtretung und der Abtretung selbst.

Verdeckte Gewinnausschüttung

1. Überblick

Eine verdeckte Gewinnausschüttung wird immer dann angenommen, wenn alle oder einzelne Gesellschafter außerhalb der förmlichen Gewinnverteilung Leistungen aus dem Vermögen der Gesellschaft erhalten, ohne daß die Gesellschaft eine entsprechende Gegenleistung dafür erhält. Die Rechtsgeschäfte, welche zu einer verdeckten Gewinnausschüttung führten, sind grundsätzlich wirksam. Sie sind nur dann unwirksam, wenn sie gegen gesetzliche Vorschriften verstoßen.

2. Einzelfragen

- **Typische Fälle:** Beispiele für verdeckte Gewinnausschüttungen sind überhöhte Geschäftsführergehälter, Erbringung von Bauleistungen durch die Gesellschaft zu einem unvertretbar niedrigen Preis, Zahlung eines weit überhöhten Kaufpreises an einen Gesellschafter. Gerade bei Familiengesellschaften muß darauf geachtet werden, daß Leistungen für den privaten Bereich der Gesellschafter nicht zu steuerlichen Nachteilen führen. Vor allem betroffen sind in der Regel Handwerkerleistungen oder fachliche Dienstleistungen.

- **Keine verdeckte Gewinnausschüttung:** Hier kommt es zwar zu einer Vermögensminderung, jedoch stellt das nicht zwangsläufig eine verdeckte Gewinnausschüttung dar. Die wohl in der Praxis häufigsten Fälle sind Buchungsfehler, z.B. falsche Dateneingabe. Hier wird regelmäßig keine verdeckte Gewinnausschüttung vorliegen, es sei denn, die Buchung stellt den gewollten Fall einer Vorteilsgewährung dar.

- **Rechte der benachteiligten Gesellschafter:** Hinsichtlich der Rechtsfolgen, die durch eine verdeckte Gewinnausschüttung eintreten, ist danach zu differenzieren, wodurch sie veranlaßt wurden.
  - Beruht die Zuwendung auf einem Gesellschafterbeschluß und verstößt dieser gegen den Gleichbehandlungsgrundsatz, so ist dieser anfechtbar. Wird der Gesellschafterbeschluß nicht angefochten, liegt ein wirksamer Gesellschafterbeschluß vor und die benachteiligten Gesellschafter können keine Rechte auf Schadensersatz mehr geltend machen.
  - Haben dagegen die Gesellschafter ohne entsprechenden Gesellschafterbeschluß gehandelt, können die benachteiligten Gesellschafter Ausgleichsansprüche gegenüber der Gesellschaft geltend machen.

- **Regelung der Ausgleichsansprüche:** Der Umfang des Ausgleichsanspruchs bemißt sich danach, was die Gesellschafter unzulässigerweise erhalten haben. Damit eine eindeutige Rechtsgrundlage für eine Rückgewährverpflichtung im Falle einer verdeckten Gewinnausschüttung vorhanden ist, empfiehlt es sich in den Gesellschaftsvertrag Bestimmungen aufzunehmen, die die Rückgewähransprüche der Gesellschaft regeln.

3. Tips und Beispiele

Zu erwähnen ist, daß sich gerade der Geschäftsführer in doppelter Hinsicht pflichtwidrig verhält, wenn nur einzelne Gesellschafter eine Zuwendung erhalten: Einerseits verstößt er gegen den Gleichbehandlungsgrundsatz, denn nicht alle Gesellschafter erhalten eine Zuwendung, und andererseits verstößt er gegen seine Geschäftsführerpflichten.

Verdeckte Sacheinlage

1. Überblick

Eine verdeckte Sacheinlage liegt vor, wenn der Gesellschafterbeschluß über die Gründung einer GmbH oder eine Kapitalerhöhung eine Bareinlage vereinbart hat, obwohl tatsächlich eine Sacheinlage *(→ Sacheinlagen)* gewollt ist.

2. Einzelfragen

- Eine verdeckte Sacheinlage wird regelmäßig in folgenden Fällen angenommen:
  - **Fälle des Hin- und Herzahlens**: Der Gesellschafter erbringt zunächst seine Bareinlage. Allerdings erfolgt kurze Zeit später (im zeitlichen Zusammenhang) eine Rückzahlung an den Gesellschafter und zwar in Erfüllung einer Verbindlichkeit. Beispielsweise wird eine Bareinlage geleistet und die Rückzahlung an den Gesellschafter erfolgt deshalb, weil dieser der Gesellschaft zeitnah eine Sachleistung (z.B. eine Maschine) verkauft hat. Gleiches gilt im Falle der Bareinzahlung und der Rückzahlung an den Gesellschafter in Form eines Darlehens. Keine verdeckte Sacheinlage liegt vor bei normalen Tagesgeschäften zwischen der Gesellschaft und dem Gesellschafter. Anderenfalls würden die Sacheinlagevorschriften den Leistungsverkehr zum Erliegen bringen.
  - **Fälle des Aufrechnens**: Der Gesellschafter ist zwar zur Bareinlage verpflichtet, rechnet diese aber mit Gegenansprüchen, die er gegenüber der Gesellschaft hat, auf.
  - **Fälle der Abtretung**: Der Gesellschafter leistet seine Bareinlage, gleichzeitig tritt die Gesellschaft Forderungen an den Gesellschafter ab.

Entscheidend in allen Fällen ist, daß ein zeitnaher Zusammenhang zwischen der Bareinlage und der Entnahme aus dem Vermögen der Gesellschaft besteht. Maßgeblich ist, ob das Erwerbsgeschäft der Gesellschaft oder die durch die Gesellschaft getilgte Forderung auch schon bei der Gründung oder Kapitalerbringung als Sacheinlage des Gesellschafters eingebracht werden könnte.

- **Heilungsmöglichkeiten der verdeckten Sacheinlage:** Die Rechtssprechung des BGH geht davon aus, daß die versteckte Sacheinlage heilbar ist *(BGH NJW 1996, 1473):*
  a) Zum einen durch eine Satzungsänderung von Bar- in Sacheinlage:
   – Gesellschafterbeschluß mit satzungsändernder Mehrheit, daß statt Bar- auch Sacheinlagen eingebracht werden können.
   – Angabe der einzelnen Gesellschafter und Gegenstand der Sacheinlage.
   – Bericht über die Änderung der Einlagendeckung von der Bar- zur Sacheinlage (von allen Geschäftsführern unterschrieben).
   – Nachweis der Vollwertigkeit der einzubringenden Sacheinlage durch eine von einem Wirtschaftsprüfer testierte Bilanz.
   – Gesellschafterbeschluß muß zum Handelsregister angemeldet werden.
   – Geschäftsführer versichern, daß die Sacheinlage werthaltig ist und der Gesellschaft von den Gesellschaftern übertragen worden ist.
  b) Die andere Alternative wäre die nochmalige Bareinlage und Rückforderung der Sacheinlage.
  Letztlich tritt eine Heilung ein durch Kapitalherabsetzung und nachfolgende Sachkapitalerhöhung.

- **Haftungsrisiko des Gesellschafters:** Liegt eine verdeckte Sacheinlage und damit eine Umgehung der Sacheinlagevorschriften vor, ist der Gesellschafter weiterhin verpflichtet, die Stammeinlage noch einmal in bar einzuzahlen, denn nach überwiegender Meinung gilt die Bareinlage als nicht erbracht. Die noch nicht geleistete Bareinlage stellt für den Gesellschafter zudem ein erhebliches Haftungsrisiko dar, denn dieser wird im Falle der Insolvenz durch den Insolvenzverwalter aufgefordert werden, die ausstehende Bareinlage zu erbringen.

- **Haftungsrisiko der übrigen Gesellschafter:** Des weiteren besteht ein erhebliches Haftungsrisiko der übrigen Gesellschafter, denn diese haften gem. §§ 22, 24 GmbHG für die rückständigen Einlagen gemeinschaftlich.

- **Haftungsrisiko des Geschäftsführers:** Auch der GmbH-Geschäftsführer setzt sich einem erheblichen Haftungsrisiko aus, denn er muß versichern, daß die gemachten Angaben im Zeitpunkt der Handelsregistereintragung richtig waren. Bei falschen Angaben macht er sich nicht nur strafbar, sondern haftet gem. § 9 a GmbHG persönlich (→ *Haftung*).

* **Verjährung**: Die Verjährungsfrist für Einlageansprüche wegen verdeckter Sacheinlagen beträgt gem. § 195 BGB 30 Jahre.

3. Tips und Beispiele

Die Folgen der verdeckten Sacheinlage können vermieden werden, wenn in einem Zeitraum von sechs Monaten ab Eintragung der Gesellschaft im Handelsregister keine Gegenstände oder sonstigen Leistungen an einen Gesellschafter aus dem Gesellschaftsvermögen gewährt werden.

Verdecktes Eigenkapital

Von verdecktem Eigenkapital wird gesprochen, wenn sich die GmbH in einer wirtschaftlich kritischen Situation befindet, in welcher notwendige Kapitalzufuhren hauptsächlich durch Gesellschafterdarlehen ersetzt werden.

Vergütung des Geschäftsführers

→ *Gehalt*

Verkehrssicherungspflicht

Die Verletzung von Verkehrssicherungspflichten durch den Geschäftsführer kann seine persönliche Haftung gegenüber Dritten begründen (→ *Haftung*). Der Geschäftsführer hat die Pflicht, aufgrund seiner Organstellung durch geeignete Maßnahmen und regelmäßige Überwachung dafür zu sorgen, daß das Unternehmen angemessen organisiert ist, daß von dem Unternehmen keine rechtswidrigen Handlungen ausgehen und daß die Mitarbeiter bei ihrer Tätigkeit für die Gesellschaft keine unerlaubte Handlung begehen.

Kommt der Geschäftsführer seiner Verkehrssicherungspflicht nicht nach, können Dritte ihn persönlich in Anspruch nehmen. Er haftet ihnen dann unmittelbar persönlich (§ 823 I BGB), selbst dann, wenn feststeht, daß einer der Mitarbeiter die verletzungsbegründende Handlung begangen hat. Der Geschäftsführer haftet dann aufgrund Unterlassens. Eine Exkulpation (Schuldbefreiung) kommt bei der Verletzung einer Verkehrssicherungspflicht nicht in Betracht.

Verschmelzung

Verschmelzung stellt eine von drei Umwandlungsarten dar *(→ Umwandlung)*. Im Zuge der Verschmelzung wird das gesamte Vermögen eines oder mehrerer Unternehmensträger auf eine bereits bestehende GmbH (Verschmelzung durch Aufnahme) oder neu gegründete GmbH (Verschmelzung durch Neugründung) übertragen *(§§ 2 ff. UmwG)*. Bei der Verschmelzung durch Aufnahme übertragen alle Rechtsträger ihr gesamtes Vermögen auf einen anderen Rechtsträger. Mit Abschluß des Verschmelzungsvertrages und Eintragung im Handelsregister erlöschen alle übertragenden Rechtsträger. Im Wege der Gesamtrechtsnachfolge übernimmt der übernehmende Rechtsträger das ganze Vermögen.
Eine Verschmelzung durch Neugründung wird angenommen, wenn mindestens zwei Rechtsträger auf einen neugegründeten Rechtsträger übertragen werden. Für die GmbH sind die §§ 46–59 UmwG zu beachten.

Verschulden bei Vertragsschluß

1. Überblick
Eine vertragliche Haftung entsteht nicht erst im Zeitpunkt des Vertragsschlusses, sondern bereits dann, wenn die Parteien in Vertragsverhandlungen eintreten. Nicht erforderlich ist der spätere Abschluß eines Vertrages. Kommt letztlich kein Vertrag zustande, können Pflichtverletzungen im Zeitraum der „Vertragsanbahnung" einen Schadensersatzanspruch begründen.

2. Einzelfragen
Persönliche Haftung des Geschäftsführers: Obwohl es sich um eine vertragliche Haftung handelt, kommt unter gewissen Voraussetzungen eine Eigenhaftung des Geschäftsführers in Betracht. Zwar haftet grundsätzlich die Gesellschaft für Pflichtverletzungen des Geschäftsführers im vertraglichen Bereich, denn der Geschäftsführer vertritt die Gesellschaft. Allerdings haftet der Geschäftsführer selbst, wenn der Vertragspartner ihm besonderes Vertrauen entgegenbrachte und dies die Vertragsverhandlung maßgeblich beeinflußte oder wenn der Geschäftsführer an dem Zustandekommen des Vertrages ein eigenes wirtschaftliches Interesse hat.
Besonderes Vertrauen wird dem Geschäftsführer entgegengebracht, wenn er eine

zusätzliche von seiner Person ausgehende Gewähr für die Erfüllung des in Aussicht genommenen Rechtsgeschäfts bietet.
Unter welchen Voraussetzungen ein wirtschaftliches Eigeninteresse des Geschäftsführers in Betracht kommt, ist im Detail umstritten. Es lassen sich jedoch gewisse Richtlinien aufzeigen.
Ein wirtschaftliches Eigeninteresse liegt vor, wenn
- der Geschäftsführer sich für die Gesellschaftsverbindlichkeit persönlich verbürgt hat,
- der Gesellschafter-Geschäftsführer schon bei Vertragsschluß die Absicht hatte, die Leistung an der Gesellschaft vorbei zum eigenen Nutzen einzusetzen.

Nicht ausreichend ist es mehr, wenn es sich um einen alleinigen Geschäftsführer handelt oder um einen Allein- oder Mehrheitsgesellschafter.

Verschwiegenheitspflicht

1. Überblick
Der Geschäftsführer ist verpflichtet, über vertrauliche Angaben und Geheimnisse der Gesellschaft Stillschweigen zu bewahren. Unerheblich ist es, wann der Geschäftsführer über bestimmte Angelegenheiten Kenntnis erlangt.
Eine Verschwiegenheitsvereinbarung findet sich heute nahezu in jedem Geschäftsführervertrag.

2. Tips und Beispiele
 Die Verschwiegenheitserklärung sollte folgende Punkte enthalten:
- Verschwiegenheitspflicht bei vertraulichen Angelegenheiten
- Verschwiegenheitspflicht gegenüber betriebsfremden Personen und ggf. gegenüber Betriebsangehörigen
- Engste Mitarbeiter müssen ebenfalls zur Verschwiegenheit verpflichtet werden
- Dauer der Verschwiegenheitspflicht der engsten Mitarbeiter
- Sanktionen gegenüber dem Geschäftsführer, wenn er gegen die Verschwiegenheitspflicht verstößt (Schadensersatz und Kündigung aus wichtigem Grunde)
- Entbindung von der Verschwiegenheitspflicht im Falle eines Prozesses

Versicherung des Geschäftsführers

Im Zusammenhang mit der Anmeldung der GmbH zum Handelsregister müssen der oder die Geschäftsführer folgende Versicherungen abgeben:

- Es muß gem. § 8 II GmbHG versichert werden, daß die in § 7 II und III GmbHG bezeichneten Leistungen auf die Stammeinlagen bewirkt sind und daß der Gegenstand der Leistungen sich endgültig in der freien Verfügung der Geschäftsführer befindet *(→ Sonderkonto)*.
- Ferner müssen die Geschäftsführer gem. § 8 III GmbHG versichern, daß keine Umstände in ihrer Person vorliegen, die ihre Bestellung unwirksam machen. Dabei erklären sie ausdrücklich, daß folgende Umstände nicht vorliegen:
  – Keine Verurteilung wegen einer weniger als fünf Jahre zurückliegenden Konkursstraftat gem. §§ 283 bis 283 d StGB,
  – daß keine gerichtlichen oder behördlichen Berufs- oder Gewerbeverbote bestehen,
  – daß sie über eine diesbezügliche gegenüber dem Registergericht existierende unbeschränkte Auskunftspflicht belehrt wurden.

Vertretung der GmbH

1. Überblick
Die GmbH als juristische Person benötigt, um im Verhältnis gegenüber Dritten handeln zu können, mindestens eine natürliche Person als Vertreter.

2. Einzelfragen
- **Gesetzlicher Vertreter:** Der gesetzliche Vertreter ist der Geschäftsführer der GmbH. Der Umfang seiner Befugnisse ergibt sich aus den §§ 35 ff. GmbHG. Die Vorschriften über die Vertretungsmacht sind nicht dispositiv. Damit kann der Geschäftsführer zwar im Innenverhältnis weitreichenden Beschränkungen unterworfen sein *(→ Weisung der Gesellschafter)*. Diese Beschränkungen gelten aber, wie § 37 II GmbHG zeigt, nicht im Außenverhältnis. Anderenfalls könnte ein Dritter nie sicher sein, ob der Geschäftsführer berechtigt ist einen entsprechenden Vertrag zu schließen.

- **Weitere Vertreter:** Neben dem zwingenden gesetzlichen Vertreter können noch weitere Vertreter die Vollmachten erhalten haben. Zu nennen ist regelmäßig der Prokurist *(→ Prokura)* oder Handlungsgehilfe, aber auch der Generalbevollmächtigte.

- **Grundsätze der Vertretung:** Zwingend erforderlich ist, daß zumindest ein gesetzlicher Vertreter wirksam bestellt wurde. Hat die GmbH mehrere Geschäftsführer, besteht grundsätzlich Gesamtvertretungsmacht gem. § 35 II 2 GmbHG. Zulässig ist es aber auch, daß jeder Geschäftsführer allein vertretungsberechtigt ist. Ab-

weichungen vom Grundsatz sind zum Schutze des Verkehrs kenntlich zu machen und deshalb im Handelsregister einzutragen.
Die Satzung kann genau festlegen, wie die Befugnisse im einzelnen verteilt sind.

- **Mißbrauch der Vertretungsmacht:** Sowohl beim Geschäftsführer als auch beim Prokuristen stellt sich das Problem, daß die Vertretungsmacht im Außenverhältnis nicht beschränkbar ist, obwohl im Innenverhältnis Beschränkungen möglich sind.
Welche Folgen treten ein, wenn der Geschäftsführer oder der Prokurist ihre Vertretungsmacht mißbrauchen (sog. Mißbrauch der Vertretungsmacht)?
    - Rechtsgeschäfte mit der Gesellschaft sind grundsätzlich wirksam.
    - Ausnahmsweise ist das Rechtsgeschäft unwirksam, wenn
        der Geschäftsführer/Prokurist mit dem Dritten bewußt zum Nachteil der GmbH handelt oder
        der Dritte positive Kenntnis von der Beschränkung hat.

- **Vertretung vor Gericht:** Der Geschäftsführer ist grundsätzlich dazu berechtigt, alle Prozeßhandlungen vor Gericht im Namen der Gesellschaft vorzunehmen. Kommt es dagegen zu einem Prozeß zwischen der Gesellschaft und einem Geschäftsführer, wird die Gesellschaft nicht durch den betroffenen Geschäftsführer vertreten. In diesem Fall erfolgt die Vertretung:
    - durch einen weiteren Geschäftsführer
    - wenn vorhanden durch den Aufsichtsrat *(§ 52 I GmbHG)*
    - durch einen von der Gesellschafterversammlung zu bestimmenden Prozeßvertreter *(§ 46 Nr. 8 GmbHG).*

3. Tips und Beispiele

Sind z.B. drei Geschäftsführer bestellt worden, kann bestimmt werden, daß ein Geschäftsführer alleinvertretungsbefugt ist, die anderen hingegen nur gemeinsam handeln können.
Möglich ist auch, daß ein Geschäftsführer zusammen mit einem Prokuristen die GmbH vertritt.

Vor-GmbH

1. Überblick
Bevor die GmbH wirksam entstanden ist, durchläuft die werdende GmbH verschiedene Gründungsstadien. Die Vor-GmbH stellt die letzte Stufe der werdenden

GmbH dar, so daß die Gesellschafter hier schon regelmäßig mit ihrer geplanten Tätigkeit begonnen haben. Sobald mit der geschäftlichen Tätigkeit begonnen wurde, stellen sich unmittelbar haftungsrechtliche Fragen.

2. Einzelfragen

- **Entstehung der Vor-GmbH:** Die Vor-GmbH entsteht mit Abschluß des Gesellschaftsvertrages und endet mit Eintragung im Handelsregister. Zwar handelt es sich noch nicht um die künftige GmbH, jedoch entspricht die Vor-GmbH ihrem Wesen nach bereits der künftigen GmbH. Sie ist bereits Trägerin von Rechten und Pflichten und kann insbesondere rechtsgeschäftliche Verpflichtungen eingehen.

- **Steuerliche Aspekte:** Die Steuerpflicht der GmbH beginnt bereits mit Abschluß des Gesellschaftsvertrages, also mit Entstehen der Vor-GmbH, denn die Vor-GmbH kann bereits Rechte erwerben und Pflichten eingehen, die automatisch auf die GmbH übergehen, sobald sie im Handelsregister eingetragen ist.

- **Haftungsverhältnisse:** Die Haftungsverhältnisse in der Vor-GmbH gestalten sich wie folgt:
  - Die Vor-GmbH ist eine Organisation sui generis. Damit findet das GmbHG Anwendung, soweit nicht die Rechtsfähigkeit vorausgesetzt wird, denn Zweck der Vorgesellschaft ist Herbeiführung der GmbH durch Eintragung. Sie ist selbst Schuldnerin aus Geschäften während der Gründungsphase.
  - Der Handelnde (meist Geschäftsführer) haftet unbeschränkt neben der Vor-GmbH gem. § 11 II GmbHG persönlich. Die Anforderungen an den Handelnden sind sehr hoch, z.B. muß die Person als oder wie ein Vertretungsorgan der Vor-GmbH auftreten *(→ Haftung)*.
  - Die Haftung der Gründer bzw. anderer Gesellschafter in der Vor-GmbH ist heftig umstritten. Hierbei herrscht Streit, ob sie überhaupt haften und in welcher Höhe.
    Die Rechtssprechung orientierte sich ursprünglich an der Haftung des Kommanditisten *(§§ 171 I, 172 IV HGB)*. Danach bestand eine persönliche und beschränkte Außenhaftung gegenüber den Gläubigern in Höhe ihrer Einlageverpflichtung. Ist die Einlageverpflichtung erbracht worden, erlischt die persönliche Haftung.
    Der BGH geht mehr dazu über, eine unbeschränkte Innenhaftung der Gesellschafter und Gründer der Vor-GmbH anzunehmen. Die unbeschränkte Haftung gilt bis zur Eintragung für die nicht durch das Stammkapital gedeckten Anfangsverluste (sog. Verlustdeckungsanspruch). Anstelle einer Außenhaftung gegenüber den Gläubigern tritt eine Innenhaftung gegenüber der Vor-GmbH.

– Ein Sonderproblem besteht lediglich dann, wenn die Gesellschafter einer Vor-GmbH ihre Absicht, die Eintragung als GmbH zu erreichen, aufgeben, ohne ihre geschäftliche Tätigkeit sofort einzustellen. Grundsätzlich wird die Gesellschaft dann zur Gesellschaft bürgerlichen Rechts (GbR) oder zu einer OHG. Insofern ist es dann konsequent, die Gesellschafter persönlich und unbeschränkt nach den zivilrechtlichen Vorschriften unmittelbar haften zu lassen *(BAG ZIP 1998, 1149)*.
Der BGH hat diese Frage offengelassen *(Urteil des BGH NJW 1997, 1507)*, wobei anzumerken ist, daß es in der Praxis häufig schwierig sein wird, die fehlende Eintragungsabsicht nachzuweisen, weshalb dann doch wieder von einer Innenhaftung ausgegangen werden sollte *(Urteil des BGH NJW 1996, 1210)*.

3. Tips und Beispiele

- **Hinweis auf die Vor-GmbH:** Es ist notwendig, daß deutlich darauf hingewiesen wird, daß es sich noch nicht um die zukünftige GmbH handelt. Erreicht wird das durch einen entsprechenden Zusatz (GmbH i.G oder in Gründung). Ferner sollte der Geschäftsführer der Vor-GmbH auf diesen Umstand bei Vertragsverhandlungen entsprechend hinweisen und darüber hinaus in Verträge eine entsprechende Klausel aufnehmen: *„Der Geschäftsführer ist berechtigt, das eingegangene Vertragsverhältnis aufzulösen, falls die GmbH nicht entstehen sollte."* Grund einer solchen Klausel ist, daß anderenfalls der Geschäftsführer trotz eines Hinweises persönlich für die eingegangenen Verbindlichkeiten gem. § 11 II GmbHG haftet, denn allein ein Hinweis auf die Vor-GmbH schließt eine persönliche Haftung nicht aus *(Urteil des BGH NJW 1983, 2822)*.

- **Absicherung gegenüber Gesellschaftern:** Ferner sollte sich der Geschäftsführer von den Gesellschaftern eine schriftliche Ermächtigung geben lassen, bereits jetzt unternehmerisch tätig zu werden. Das begründet sich damit, daß der Geschäftsführer einer Vor-GmbH noch nicht über die unbeschränkte Vertretungsmacht (→ *Vertretung der GmbH*) verfügt, wie bei der späteren GmbH.
Die Vertretungsmacht des Geschäftsführers einer Vor-GmbH beschränkt sich auf Tätigkeiten, die im Zusammenhang mit der Gründung stehen, z.B. die notwendigen Einlagen einzufordern.
Anderenfalls würde der Geschäftsführer wiederum persönlich haften und zwar als Vertreter ohne Vertretungsmacht.

Vorkaufsrecht

Die Satzung kann im Falle, daß ein Gesellschafter seinen Anteil veräußern will, den übrigen Gesellschaftern ein Vorkaufsrecht einräumen. Findet der Gesellschafter einen Interessenten, kann dieser den Anteil nur dann erwerben, wenn der Gesellschafter seinen Anteil zunächst den übrigen Gesellschaftern angeboten hat und diese von ihrem Vorkaufsrecht keinen Gebrauch machen.

Weihnachtsgeld

Es besteht die Möglichkeit, daß die GmbH ihrem Geschäftsführer ein Weihnachtsgeld auszahlt. In jedem Fall ist es ratsam, daß vorher eine schriftliche Einigung über dessen Höhe und die Zahlungsvoraussetzung erfolgt. Notwendig ist diese Vorgehensweise beim beherrschenden Gesellschafter-Geschäftsführer. Ansonsten liegt eine verdeckte Gewinnausschüttung vor.

Weisung der Gesellschafter/Weisungsgebundenheit

1. Überblick

Der Geschäftsführer ist nach der gesetzlichen Regelung gem. § 37 I GmbHG an Weisungen der Gesellschafterversammlung gebunden. § 37 II GmbHG stellt aber klar, daß Beschränkungen im Innenverhältnis grundsätzlich keine Wirkungen im Außenverhältnis, d.h. im Verhältnis zu Dritten entfalten (→ *Vertretung der GmbH*).

2. Einzelfragen

- **Umfang der Weisungsbefugnis**: Die Gesellschafterversammlung kann nicht nur generelle Anweisungen erteilen, sondern auch spezielle Einzelanweisungen, die einzelne Rechtshandlungen betreffen. Auf diese Weise kann die Gesellschafterversammlung gezielt auf die Unternehmenspolitik Einfluß nehmen.

- **Auswirkungen der Weisungsgebundenheit**: Die Gesellschafterversammlung kann zum einen festlegen, welche Geschäfte zustimmungsbedürftig sind (→ *Zustimmungsbedürftige Geschäfte*). Weiterhin kann die Gesellschafterversammlung als oberstes Gesellschaftsorgan durch Einzelanweisungen direkten Einfluß auf die Geschäftsführung nehmen. Der Geschäftsführer muß die Weisungen beachten, selbst dann wenn sie unzweckmäßig erscheinen.

- **Verstoß gegen Weisungen**: Kommt ein Geschäftsführer einer erteilten Weisung nicht nach, ist zu differenzieren.

Betrifft die Weisung z.b. die konkrete Vertragsgestaltung gegenüber einem Dritten, kommt der Vertrag entsprechend der Vereinbarung zwischen der Gesellschaft und dem Dritten zustande. Und zwar auch dann, wenn der Inhalt der Vereinbarung gravierend von der erteilten Weisung abweicht.
Im Außenverhältnis hat, wie § 37 II GmbHG zum Ausdruck bringt, eine Weisung an den Geschäftsführer grundsätzlich keine Bedeutung.
Im Innenverhältnis zieht der Verstoß Schadensersatzansprüche nach sich sowie die Möglichkeit den Geschäftsführervertrag aus wichtigem Grunde zu widerrufen und den Geschäftsführer aufgrund desselben Grundes abzuberufen.
Solche Ansprüche entstehen auch dann, wenn der Geschäftsführer der Weisung allein deswegen nicht nachkommt, weil er sie für unzweckmäßig erachtet.

- **Unbeachtlichkeit der Weisung:** Nur in Ausnahmefällen ist eine Weigerung zulässig und zwar dann, wenn die Weisung gegen eine gesellschaftsvertragliche Regelung verstößt. Hier ist zu beachten, daß dieser Fall nicht einschlägig ist, wenn der Gesellschaftsvertrag geändert wurde.
Ferner, wenn die Weisung gegen öffentlich-rechtliche Pflichten verstößt (z.B. gegen das Steuerrecht).
Zuletzt in den Fällen, wenn die Weisungen gegen zwingende gesetzliche Vorschriften verstößt, z.b. § 138 BGB (Sittenwidrigkeit) oder Mißachtung der Ausschüttungssperre gem. § 30 GmbHG.
Regelmäßig wird auch ein Verstoß angenommen, wenn der Geschäftsführer seiner Pflicht zur Eröffnung des Insolvenzverfahrens nicht nachkommt.

3. Tips und Beispiele

- **Einflußnahme bei Familiengesellschaften:** Die Möglichkeit der Gesellschafterversammlung konkret auf die Geschäftspolitik Einfluß zu nehmen, macht die GmbH als Gesellschaftsform insbesondere für Familienunternehmen interessant. Ein ursprünglich als Personengesellschaft geführtes Unternehmen kann in eine GmbH umgewandelt werden, womit sich das Haftungsrisiko der Gesellschafter reduzieren läßt. Das Familienunternehmen behält aber dennoch den maßgeblichen Einfluß der Gesellschaft, selbst wenn ein Nichtgesellschafter zum Geschäftsführer bestellt wird.

- **Exakte Kompetenzverteilung:** Der Geschäftsführer sollte, bevor er seine Tätigkeit in der Gesellschaft aufnimmt, genaue Regelungen formulieren, die es ihm ermöglichen, weitestgehend persönlich und fachlich ungebunden zu sein.
Es ist daher zulässig, daß die Gesellschafter auf ihren Einfluß in der Gesellschaft verzichten und ihrem Geschäftsführer die Stellung und vor allem die Kompeten-

zen eines aktienrechtlichen Vorstandes einräumen. Die Kompetenzen in der AG sind eindeutig formuliert und zudem besteht nicht die Möglichkeit, daß ein Organ dem anderen konkrete Weisungen erteilt. Die Organe kontrollieren sich lediglich untereinander. In der GmbH besteht dagegen die Möglichkeit, daß ein Organ in die Kompetenzen des anderen eingreift.
Zu beachten ist, daß die Gesellschaftsversammlung durch die Änderung der Satzung in der Lage ist, ihre Kompetenzen gegenüber dem Geschäftsführer auszuweiten. Jetzt ist der Geschäftsführer an Weisungen der Gesellschaftsversammlung gebunden, denen er sich nur dadurch entziehen kann, indem er den Vertrag aus wichtigem Grunde kündigt.

Wettbewerbsrecht

1. Überblick
Das Wettbewerbsrecht umfaßt
- den unlauteren Wettbewerb *(UWG)*,
- die Rabattverordnung *(RabtVO)* und
- die Zugabeverordnung *(ZugabVO)*.

Ziel des Wettbewerbsrechts ist der Schutz von Mitbewerbern und Kunden vor unlauterem Verhalten.

2. Einzelfragen
- **Wettbewerbsbeschränkungen**: Sie können aufgrund vertraglicher Vereinbarung (Kartelle) und infolge faktischer Machtstellung eines Teilnehmers am Markt entstehen. Die Zulässigkeit richtet sich nach dem Gesetz gegen Wettbewerbsbeschränkungen *(GWB)*. Ziel ist es, die Förderung und Erhaltung der Marktwirtschaft sicherzustellen und wirtschaftliche Macht dort zu beseitigen, wo sie die Wirksamkeit des Wettbewerbs beeinträchtigt.

- **Verstöße gegen das Verbot der Wettbewerbsbeschränkungen**: Sie stellen eine Ordnungswidrigkeit dar und werden mit einer Geldbuße geahndet *(§ 38 GWB)*.

- **Wettbewerbsstraftaten**: Dazu zählen u.a. Submissionsabsprachen *(§ 298 StGB)* und Angestelltenbestechung *(§ 299 StGB)*.

- **Verstöße gegen das UWG**: Sie haben regelmäßig einen Unterlassungsanspruch zur Folge.
Daneben gibt es Schadensersatzansprüche. Hier gilt gegenüber dem Zivilrecht ei-

ne Besonderheit. Der Geschädigte muß seinen Schaden nicht konkret berechnen, sondern kann dafür eine fiktive Lizenzgebühr oder die Herausgabe des Gewinns verlangen, der durch die wettbewerbswidrige Maßnahme erzielt wurde.

3. Tips und Beispiele

Verstöße gegen **Wettbewerbsbeschränkungen**: Sie führen zunächst dazu, daß der Geschäftsführer zur Durchsetzung vollstreckbarer Unterlassungsansprüche mit einem Ordnungsgeld belegt wird. Erst dann kann die GmbH mit einem Ordnungsgeld belegt werden. Weil die Ordnungsgelder sehr hoch sind, sollte der Geschäftsführer sich im Innenverhältnis freistellen lassen. Dann kann der Geschäftsführer im Falle der Inanspruchnahme Rückgriff bei der GmbH nehmen. Deshalb ist zu empfehlen, daß der Geschäftsführer in dem Geschäftsführervertrag eine Vereinbarung trifft, wonach er für fahrlässige Verstöße im Innenverhältnis nicht haftet.

Wettbewerbsverbot

1. Überblick

Es liegt in der Natur der Sache, daß ein Geschäftsführer während seiner aktiven Tätigkeit einem Wettbewerbsverbot unterliegt, auch wenn eine entsprechend ausdrückliche Regelung im Gesellschaftsvertrag fehlt. So darf er Tätigkeiten, die eindeutig in den Geschäftsbereich der GmbH fallen, nicht privat für sich durchführen.

2. Einzelfragen

• **Umfang des Wettbewerbsverbots**: Selbst Bereiche, die die GmbH erst in Zukunft erschließen wird, werden von dem Wettbewerbsverbot erfaßt. Dieses generelle Wettbewerbsverbot erstreckt sich auch auf die Tätigkeit bei Konkurrenzunternehmen.

• **Befreiung vom Wettbewerbsverbot**: Sieht der Gesellschaftervertrag die Möglichkeit einer Befreiung des Geschäftsführers vom Wettbewerbsverbot vor, so kann die Befreiung im Wege des einfachen Gesellschafterbeschlusses beschlossen werden. Enthält dagegen der Gesellschaftsvertrag eine solche Vorschrift nicht, so muß der Gesellschaftsvertrag entsprechend geändert werden. Weiterhin bedarf es zur Wirksamkeit der Befreiung vom Wettbewerbsverbot der Eintragung im Handelsregister.

• **Ausnahme vom Wettbewerbsverbot**: Allerdings ist zu beachten, daß Fälle möglich sind, bei denen der aktive Geschäftsführer, obwohl keine Befreiung vom Wettbewerbsverbot ausdrücklich vereinbart wurde, dennoch keinem Verbot unterliegt. Voraussetzung ist, daß der Gesellschaft bei der Gründung die wettbewerbliche Tätigkeit des Geschäftsführers bekannt war, denn dann wird angenommen, daß alle übrigen Gesellschafter die weitere Tätigkeit billigen. Ratsam ist es aber trotzdem, die Befreiung vom Wettbewerbsverbot ausdrücklich im Gesellschaftsvertrag zu formulieren.

- **Beendigung:** Das Wettbewerbsverbot endet zwar mit dem tatsächlichen Ausscheiden des Geschäftsführers aus seiner Organstellung. Allerdings ist es dem ehemaligen Geschäftsführer auch weiterhin untersagt, Verträge, die er während seiner Tätigkeit geschlossen hat oder hätte schließen können, an sich zu ziehen *(Urteil des BGH DB 1977, 158; BGH ZIP 1989, 986).*

- **Nachvertragliches Wettbewerbsverbot:** Die Gesellschaft kann, um ihre Geschäftsinteressen auch nach Ausscheiden des Geschäftsführers zu wahren, ein nachvertragliches Wettbewerbsverbot vereinbaren.
Das kann einmal in der Form geschehen, daß dem Geschäftsführer eine über § 85 GmbHG hinausgehende Verschwiegenheitspflicht auferlegt wird *(BAG ZIP 1988, 733).* Ferner kann eine Kunden-/Mandantenschutzklausel vereinbart werden.
Insgesamt müssen bei einem nachträglichen Wettbewerbsverbot dreierlei Dinge beachtet werden:
  - Zum einen darf das Wettbewerbsverbot nur erlassen werden, damit berechtigte Interessen der Gesellschaft gewahrt werden.
  - Zum anderen muß das Wettbewerbsverbot zeitlich auf zwei, maximal drei Jahre beschränkt sein.
  - Zuletzt wird die Gesellschaft dem ausscheidenden Geschäftsführer, außer bei einer Kunden-/Mandantenschutzklausel, eine angemessene Entschädigung in Geld gewähren müssen.

Etwas anders stellt sich die Lage beim Gesellschafter-Geschäftsführer dar. Auch er unterliegt während seiner Zeit als Geschäftsführer dem grundsätzlich uneingeschränkten Wettbewerbsverbot. Beendet der Gesellschafter-Geschäftsführer nur seine Tätigkeit als Geschäftsführer, nicht aber als Gesellschafter, unterliegt er aber weiterhin wettbewerbsrechtlichen Beschränkungen. Das ergibt sich aus der Treuepflicht des Gesellschafters gegenüber der Gesellschaft.
Ein weiterbestehendes Wettbewerbsverbot gilt jedenfalls immer beim beherrschenden Gesellschafter und zwar unabhängig davon, ob er jemals Geschäftsführer war. Entscheidend sind vor allem zwei Kriterien: Einmal muß der Gesellschafter über ei-

ne Gesellschafterstellung verfügen, die es ihm ermöglicht, Einfluß auszuüben. Darüber hinaus muß der mögliche Einfluß auch tatsächlich ausgeübt werden.

- **Verstoß gegen Wettbewerbsverbot**: Verstößt der Geschäftsführer gegen das Wettbewerbsverbot, so kann die Gesellschaft zum einen Unterlassung und zum anderen Schadenersatz verlangen.

  Des weiteren kann der Verstoß gegen das Wettbewerbsverbot noch weiterreichende Konsequenzen mit sich bringen, denn unter Umständen rechtfertigt ein entsprechender Verstoß die Abberufung des Geschäftsführers aus wichtigem Grund (→ *Abberufung des Geschäftsführers*) und gleichzeitig die Kündigung des Anstellungsvertrages.

  Ferner wird häufig in dem Verstoß gegen das Wettbewerbsverbot zugleich eine verdeckte Gewinnausschüttung angenommen (→ *Verdeckte Gewinnausschüttung*).

3. Tips und Beispiele
Der Anstellungsvertrag des Geschäftsführers könnte damit folgende Klausel zum Wettbewerbsverbot aufweisen:

> **ⓧ Wettbewerbsverbot**
>
> 1.) Herr Müller ist verpflichtet, sowohl während seines Dienstverhältnisses als auch danach, über alle geschäftlichen Angelegenheiten, insbesondere die, die als Geschäfts- oder Betriebsgeheimnisse anzusehen sind, Stillschweigen zu bewahren. Zu den geschäftlichen Angelegenheiten gehört auch der Inhalt dieses Vertrages. Die in seinen Händen befindlichen Schriftstücke, die sich auf Angelegenheiten der Gesellschaft beziehen, einschließlich Entwürfe, Auszüge, Abschriften etc. sind jederzeit auf Verlangen der Gesellschaft, spätestens mit Beendigung des Bestellungsverhältnisses oder bei Freistellung zurückzugeben.
>
> 2.) Herr Müller bedarf der vorherigen Zustimmung der Gesellschafter, wenn er sich während seiner Dienstzeit an einem Unternehmen beteiligen will, das auf dem Gebiet der Gesellschaft Geschäftsbeziehungen unterhält. Die Zustimmung ist auch erforderlich, wenn sich Herr Müller nur mittelbar beteiligt. Entsprechendes gilt für eine beratende oder sonstige Tätigkeit für ein solches Unternehmen.
>
> 3.) In den ersten zwei Jahren nach seinem Ausscheiden aus den Diensten der Gesellschaft bedarf Herr Müller der Zustimmung der Gesellschafter, wenn er sich auf den in 2.) Satz 1 beschriebenen Gebieten betätigen will. Die Zustimmung darf nicht verweigert werden, wenn eine Verweigerung unter Abwägung der Interessen der Gesellschaft und Herrn Müllers unbillig wäre.

Widerruf
→ *Abberufung des Geschäftsführers*
→ *Bestellung des Geschäftsführers*
→ *Prokura*

Wirtschaftsjahr

1. Überblick
Am Ende eines Wirtschaftsjahres werden die Abschlüsse gemacht und das Jahresergebnis ermittelt. Das Wirtschaftsjahr darf eine Dauer von zwölf Monaten nicht überschreiten. Zulässig ist es aber, daß der Zeitraum unterschritten wird (sog. **Rumpfgeschäftsjahr**). Häufig stimmen das Wirtschaftsjahr und das Kalenderjahr überein, wobei dies nicht zwingend ist.

2. Einzelfragen
- **Aufgabe der Geschäftsführer:** Mit Ablauf des Wirtschaftsjahres beginnt eine dreimonatige Frist, nach deren Ablauf der Geschäftsführer den Jahresabschluß und den Lagebericht erstellt haben muß *(→ Jahresabschluß)*.

- **Änderung des Wirtschaftsjahres:** Soll das Wirtschaftsjahr in Zukunft vom Kalenderjahr abweichen, sind folgende Schritte einzuhalten:
  - Satzungsänderung vor Beginn des neuen Wirtschaftsjahres
  - Umstellung ist zum Handelsregister anzumelden
  - Zustimmung des Finanzamtes, ansonsten erfolgt keine steuerliche Anerkennung.

  Keiner Zustimmung des Finanzamtes bedarf es hingegen, wenn das abweichende Wirtschaftsjahr dem Kalenderjahr angepaßt wird.

X, Y, Z

Zahlungsunfähigkeit

Zahlungsunfähigkeit war nach der alten Konkursordnung und ist nach der neuen, seit dem 1.1.1999 in Kraft getretenen Insolvenzordnung, ein Eröffnungsgrund für das Insolvenzverfahren (→ *Insolvenz*). Die GmbH ist zahlungsunfähig, wenn die Gesellschaft ihre fälligen Forderungen aller Voraussicht nach ganz oder zum Teil nicht mehr erfüllen kann.

Zeichnungsbefugnis

1. Überblick

Die Zeichnungsbefugnis des Geschäftsführers ergibt sich aus § 35 III GmbHG. Damit Rechtsgeschäfte wirksam sind und die GmbH verpflichtet wird, ist es erforderlich, daß der oder die Geschäftsführer (hängt von den Vertretungsverhältnissen ab → *Vertretung der GmbH*) handschriftlich unterzeichnen und der Firmenname gestempelt wird. Möglich ist auch der umgekehrte Fall. Nicht ausreichend ist, wenn beides gestempelt wird.

Häufig wird im Gesellschaftsvertrag die Zeichnungsform vorgeschrieben. Wird davon abgewichen, ist die Zeichnung dennoch wirksam und ein eventuelles Rechtsgeschäft, aus dem die GmbH verpflichtet wird, kommt zustande, solange eine handschriftliche Zeichnung vorliegt.

2. Tips und Beispiele

❶ Besonders sollte darauf geachtet werden, daß der Unterzeichnende den haftungsbeschränkenden Zusatz „mbH" nicht wegläßt. Anderenfalls besteht die Möglichkeit, daß der Geschäftsführer nach Rechtsscheingrundsätzen wie ein persönlich haftender Gesellschafter einer OHG oder BGB-Gesellschaft haftet (→ *Rechtsscheinhaftung*).

Zeitvertrag

1. Überblick

Anstellungsverträge eines Geschäftsführers werden häufig zunächst auf einen beschränkten Zeitraum hin abgeschlossen. Dies rechtfertigt sich damit, daß die ansonsten auf höchstens sechs Monate festgelegte Probezeit gem. § 623 III BGB gerade bei qualifizierten Tätigkeiten zu kurz ist. Insofern bestehen auch keine rechtlichen Bedenken, beim GmbH-Geschäftsführer eine längere Probezeit als zulässig zu erachten. Vor allem vor dem Hintergrund, daß der Geschäftsführer kein Arbeitnehmer im arbeitsrechtlichen Sinne ist, können Zeitverträge abgeschlossen werden.

2. Einzelfragen

- **Abschluß des Zeitvertrages:** Der Abschluß eines Zeitvertrages hat zur Folge, daß eine ordentliche Kündigung durch beide Seiten innerhalb dieses Zeitraumes nicht möglich ist. Die Sicherheit für beide Seiten, die durch solche Verträge erzielt wird, muß den Nachteilen eines solchen Vertrages gegenübergestellt werden, denn der Geschäftsführer kann in diesem Zeitraum kein interessantes Angebot annehmen und die Gesellschaft kann sich mit Ausnahme von groben Pflichtverletzungen nicht von ihrem Geschäftsführer trennen.

- **Verlängerungsklauseln:** In der Praxis werden häufig Zeitverträge mit Verlängerungsklauseln abgeschlossen. Auch diese sind zulässig und können folgendermaßen lauten:
Nach Ablauf der Fünf-Jahres-Frist verlängert sich der Vertrag um fünf weitere Jahre.
Oder: *Der Vertrag gilt fortan auf unbestimmte Zeit.*

Zeugnis

Jeder Geschäftsführer und auch der Gesellschafter-Geschäftsführer hat bei Beendigung seines Anstellungsverhältnisses gem. § 630 BGB Anspruch auf ein qualifiziertes Zeugnis. Auszustellen hat dieses dasjenige Organ, welches für die Bestellung des Geschäftsführers zuständig ist *(→ Bestellung des Geschäftsführers)*.
Ein Zeugnis über die Leistung und Führung muß sich auf die gesamte Vertragsdauer erstrecken. Unter der Dauer des Dienstverhältnisses ist die rechtliche und nicht die tatsächliche Dauer des Anstellungsverhältnisses zu verstehen.
Ein Zeugnis über Leistungen und Führung darf nicht einzelne Vorfälle hervorheben, sondern muß die Gesamtleistung und Führung insgesamt beurteilen.

Zustimmungsbedürftige Geschäfte

1. Überblick

Der Geschäftsführer kann im Rahmen seiner Vertretungsmacht Rechtsgeschäfte für die GmbH tätigen. Obwohl er damit nach außen unbeschränkt handeln kann, können ihm gleichwohl im Innenverhältnis Beschränkungen dahingehend auferlegt werden, daß die Vornahme von Rechtsgeschäften von der vorherigen Zustimmung der Gesellschafter abhängig sind. Wird dem Antrag auf Zustimmung durch die Gesellschafter nicht entsprochen, ist der Geschäftsführer verpflichtet, die geplante Maßnahme zu unterlassen. Kommt er der Anordnung nicht nach und schließt das Rechtsgeschäft ab, so ist dieses aufgrund der unbeschränkbaren Vertretungsmacht wirksam (→ *Vertretung der GmbH*).

2. Einzelfragen

- **Genehmigungsbedürftige Geschäfte:** Zunächst ist § 46 GmbHG zu erwähnen. Die dort genannten Aktivitäten fallen in den Aufgabenbereich der Gesellschafter. Des weiteren sind sämtliche Geschäfte zustimmungspflichtig, bei denen Entscheidungskompetenzen der Gesellschafter berührt werden. Ferner ist es möglich, neben den gesetzlichen Regelungen weitere zustimmungspflichtige Geschäfte zu formulieren, die in der Satzung, der Geschäftsordnung oder im Anstellungsvertrag des Geschäftsführers aufgeführt werden. Sollen bestimmte zustimmungspflichtige Geschäfte formuliert werden, ist es empfehlenswert, diese nicht unbedingt in die Satzung aufzunehmen, sondern eher in den Anstellungsvertrag. Sonst ist es umständlich, weitere zustimmungspflichtige Rechtsgeschäfte aufzunehmen oder umgekehrt wieder zu löschen, denn jedesmal müßte die Satzung geändert werden. Im Anstellungsvertrag hingegen lassen sich individuell auf den einzelnen Geschäftsführer bezogen die ihm zustehenden Befugnisse regeln.
Es ist aber darauf zu achten, daß die Beschränkungen des Geschäftsführers nicht so weit reichen, daß er nur noch als Ausführungsorgan anzusehen ist. Sollte ein solcher Fall eintreten, kann der Geschäftsführer prüfen, ob die Einschneidungen tatsächlich so gravierend sind. Sollte das zutreffen, kann der Geschäftsführer seinen Anstellungsvertrag aus wichtigem Grunde fristlos kündigen. Vorher sollte der Geschäftsführer die Gesellschaft jedoch auf ihr geschäftsschädigendes Verhalten hinweisen.

- **Kriterien für zustimmungspflichtige Geschäfte:** Es kommt maßgeblich darauf an, welche fachliche Kompetenz der Geschäftsführer aufweist, welches Vertrauen die Gesellschafter in ihren Geschäftsführer haben und wie lange der Geschäftsführer bereits die Geschäftsführung inne hat.

- **Typische zustimmungsbedürftige Geschäfte:**
  - Errichtung und Auflösung von Zweigniederlassungen
  - Beteiligungen an anderen Unternehmen
  - Erwerb und Veräußerungen von Grundstücken
  Wie bereits erwähnt, sind die Geschäfte im Außenverhältnis gegenüber Dritten wirksam. Andererseits ist hervorzuheben, daß genehmigungsbedürftige Geschäfte zwischen der GmbH und einem Gesellschafter unwirksam sind und die erfolgte Zahlung auf dieser Grundlage als verdeckte Gewinnausschüttung bewertet wird.
  Ansonsten erwachsen der Gesellschaft Schadensersatzansprüche gem. § 43 II GmbHG und es besteht ein wichtiger Grund zur Abberufung und Kündigung.

Zwangsvergleich

Das Insolvenzverfahren endet
- entweder durch die Schlußverteilung der Insolvenzmasse an die Gläubiger
- oder bei rechtskräftiger Bestätigung des Zwangsvergleichs durch Einstellung auf Antrag des Geschäftsführers
- oder schließlich durch Einstellung mangels Masse.

Zwangsvollstreckung

Die Pfändung des **GmbH-Vermögens** kann erst erfolgen, wenn ein entsprechender Titel gegen die GmbH erwirkt wurde. Liegt dieser vor, können noch ausstehende Forderungen sowie die ausstehenden Einlagen, Ersatzansprüche gegen die Gesellschafter und Geschäftsführer und die angeforderten Nachschüsse gepfändet werden.
Die Zwangsvollstreckung in den Anteil erfolgt gem. § 857 ZPO. Es wird ein Beschluß des Gerichts mit dem Gebot ergehen, keine Verfügungen über den Anteil vorzunehmen. Der Gesellschafter kann aber immer noch sein Stimmrecht ausüben. Der Beschluß wird mit Zustellung an den Gesellschafter wirksam. Eine Zustellung an die GmbH ist nicht erforderlich. Die Verwertung erfolgt durch Veräußerung, wenn eine entsprechende Anordnung vom Gericht vorliegt.
Von der Pfändung des Anteils werden auch die Surrogate (ersatzweise eingebrachte Vermögensgegenstände) des Anteils erfaßt, somit auch der Abfindungsanspruch bei Ausschluß oder Austritt. Demgegenüber wird der Gewinnanspruch und der Vergütungsanspruch für Nebenleistungen nicht von der Pfändung erfaßt. Sollen diese

ebenfalls gepfändet werden, bedarf es dazu einer gesonderten Pfändung. In diesen Fällen bedarf es eines Pfändungs- und Überweisungsbeschlusses, der erst wirksam wird, wenn er der Gesellschaft als Drittschuldnerin zugestellt worden ist.

Zweigniederlassung

Die Zweigniederlassung, auch Filiale genannt, ist im Gesetz nicht definiert. Einerseits muß die Zweigniederlassung Teil des Hauptunternehmens und von der Hauptniederlassung abhängig sein. Andererseits muß sie räumlich von der Hauptniederlassung getrennt sein. Weiterhin wird ein selbständiges, auf Dauer angelegtes Auftreten im Rechtsverkehr gefordert.
Die Selbständigkeit wird deutlich durch die eigene Geschäftsleitung, den eigenen Ein- bzw. Verkauf und die getrennte Gewinnermittlung.
Für die Zweigniederlassung einer inländischen GmbH gelten die §§ 13–13 c HGB und für ausländische GmbHs die §§ 13 d–13g HGB. Die Vertretungsmacht der bestellten Prokuristen kann auf die Tätigkeit in der Zweigniederlassung beschränkt werden (→ Prokura).
Grundsätzlich wird das Einkommen des Unternehmens einheitlich ermittelt. Ausnahmen ergeben sich nur für Zweigniederlassungen, die sich im Ausland befinden. Regelmäßig wird dem Betriebsstättenstaat Besteuerungsrecht eingeräumt. Danach werden Betriebsstätten im Inland besteuert. § 14 KStG erkennt auch eine Organschaft einer inländischen GmbH zu einer Zweigniederlassung eines ausländischen Unternehmens an. Es müssen lediglich die Voraussetzungen des § 13 HGB vorliegen.

Stichwortverzeichnis

A

Abandon 33
Abberufung 9ff.
Abfindung 11f.
Altersversorgung 12ff.
Amtsniederlegung 15f.
Anfechtung von Gesellschafterbeschlüssen 17ff.
Anmeldung der GmbH 19ff.
Anstellungsvertrag 10f., 21f., 40
Anteile 32
Anteilsabtretung 32
Arbeitsverhältnis, faktisches 21
Aufbewahrungspflichten 44
Aufhebungsvertrag 23
Auflösung der GmbH 23ff.
Auflösungsklage 26
Aufsichtsrat 26ff.
Aufsteigerrechtsprechung 29
Auskunftsrecht 30
Ausscheiden eines Gesellschafters 31ff.
Ausschluß 34

B

Bareinlagen 124
Beendigung des Geschäftsführerverhältnisses 35ff.
Beirat 38
Berufsverbot 34
Beschlußfassung der Gesellschafter 38f.
Bestellung 39ff.
Beteiligung, stille 114f.
Betriebsgeheimnis 53
Betriebsprüfung 43
Bilanz 78f.
Buchführungspflicht 43f.

D

Darlehen 45, 100f.
Dienstwagen 45f.
Differenzhaftung 67
Direktlebensversicherung 12f.
Durchgriffshaftung 66, 128f.

E

Eigenkapital, verdecktes 134
Ein-Mann-GmbH 22, 47ff.
Ein-Personen-GmbH 47ff., 104
Einlagen 96ff., 125
Einsichtsrecht 30
Entlastung 38, 50
Erbfolge 119f.
Erfindungen 51
Ergebnisabführungsvertrag 101
Faktischer Geschäftsführer 56
Faktisches Arbeitsverhältnis 21
Freiwillige Einziehung von Anteilen 32
Fristlose Kündigung 35f.

G

Gehalt 52f.
Gehaltsstundung 45
Geheimhaltung 53f.
Geschäftsführer 48, 50, 54ff., 58
Geschäftsführungsangelegenheiten der Gesellschafter 57f.

156 Stichwortverzeichnis

Geschäftsgeheimnis 53
Geschäftsordnung 58
Gesellschafter 17f., 31ff., 38f., 57f., 59f.
Gesellschafterbeschlüsse 17f.
Gesellschafterdarlehen 100f.
Gesellschafterversammlung 39, 56
Gesellschaftsvertrag 60f.
GmbH & Co. KG 61f.
Gratifikation 62f.
Große GmbH 63
Gründungshaftung 67

H

Haftung 58, 64ff., 76, 88, 90f., 94, 97, 133f.
Haftung für ausgezahltes Stammkapital 66f.
Haftung für ausstehende Einlagen 66
Haftung für pflichtwidrige Weisungen 67
Handelndenhaftung 67
Handelsregister 10, 16, 19, 55f., 72f.

I, J

Insichgeschäft 103f.
Insolvenz 23f., 56, 74ff.
Insolvenzsicherung 14
Interessenkollision 77
Jahresabschluß 56, 77ff.

K

Kaduzierung 33
Kapitalerhaltungsgebot 80
Kapitalerhöhung 81f.
Kleine GmbH 82

Krankenversicherung 89f.
Krankheit 53, 82f.
Krise 99
Kündigung 32, 35ff.
Kündigungsschutz 57

L, M

Lagebericht 77ff.
Lebensversicherung 12f.
Liquidation 23, 84
Liquidatoren 85
Minderheitenrechte 86
Mittlere GmbH 86

N, O

Nebentätigkeit 87
Notgeschäftsführer 16, 41, 87
Ordentliche Kündigung 35
Organhaftung 88

P

Pensionszusage 13
Pflegeversicherung 89f.
Poolverträge 90
Probezeit 41
Produkthaftung 90f.
Prokura 91f.
Prozeßbeteiligung 91

R

Rangrücktritt 100
Reisekosten 113f.
Rentenversicherung 93
Ressortaufteilung 93f.
Rücklagen 94f.

Rückstellungen 95
Rücktritt 100

S

Sacheinlage, verdeckte 132ff.
Sacheinlagen 96ff.
Sanierung 98ff.
Satzung 32, 60f.
Schwarzarbeit 101
Selbstanzeige 102
Selbstkontrahieren 103f.
Sonderkonto 104
Sorgfaltsmaßstab 104f.
Sozialversicherung 57, 105f.
Spaltung 106f.
Spekulationsgeschäft 107f.
Sperrminorität 108
Stammkapital 19f., 108f.
Steuererklärung 109ff.
Strafbarkeit 115

T

Tagesordnung 116
Tantieme 116f.
Tendenzunternehmen 119
Tod 119ff.
Traditionspapiere 121
Trennungsprinzip 121
Treuepflicht 121f.

U

Überschuldung 74ff.
Überwachungspflicht 123
Umsatzsteuer 124f.
Umwandlung 125ff.
Unterkapitalisierung 128f.

Unverfallbarkeit 14
Urlaub 129

V

Verdeckte Gewinnausschüttung 13, 45, 46, 131f.
Verkehrssicherungspflicht 134f.
Verschmelzung 135
Verschwiegenheitspflicht 136
Versicherung 12f., 89f., 93, 105f., 136f.
Vertrag 21f., 87, 101, 145ff., 149, 150
Vertragsschluß 135f.
Vertretung der GmbH 137f.
Vinkulierung 130
Vor-GmbH 138ff.
Vorkaufsrecht 141

W

Weisungsgebundenheit 142ff.
Wettbewerbsrecht 144f.
Wettbewerbsverbot 145ff.
Wirtschaftsjahr 148
Zahlungsunfähigkeit 23, 74, 149

Z

Zeichnungsbefugnis 149
Zeitvertrag 150
Zeugnis 38, 150
Zustimmungsbedürftige Geschäfte 151f.
Zwangsvergleich 152
Zwangsvollstreckung 152f.
Zweigniederlassung 153

Guter Rat muß nicht teuer sein:

maßgeschneidertes kaufmännisches Grundwissen

➧ Diese neue Ratgeber-Reihe bietet Jungunternehmern maßgeschneiderte Antworten auf alle wichtigen betriebswirtschaftlichen Fragen. Immer mit Blick auf den Unternehmensalltag und mit vielen Übungen und Praxisbeispielen leisten die Bände einen wichtigen Beitrag zur erfolgsorientierten Unternehmensführung und sparen darüber hinaus viel Zeit und Geld.

- Schnellkurs Bilanzen (3-89694-300-6)
- Schnellkurs Investition (3-89694-301-4)
- Schnellkurs Marketing (3-89694-302-2)
- Schnellkurs Controlling (3-89694-304-9)
- Schnellkurs Kostenrechnung (3-89694-303-0)
- Schnellkurs Personal (3-89694-305-7)
- Schnellkurs Verhandeln mit Banken (3-89694-308-1)

Lexika Verlag erscheint bei Krick Fachmedien GmbH + Co.
Fichtestraße 3 · D-97074 Würzburg
Telefon: (09 31) 8 04 05-0 · Telefax: (09 31) 8 04 05-48
Internet: http://www.lexika.de · E-Mail: lexika@krick.com

Mehr Wissen

message@customer

 Ein Ratgeber für Einsteiger in die Welt des E-Commerce. Die alphabetisch geordneten Stichwörter rund um die kommerzielle Nutzung des Internets ermöglichen einen schnellen Einblick in das komplexe Thema: Was ist E-Commerce? Welche Vorteile bringt dieser Vertriebsweg gegenüber anderen? Welche Zahlungsarten werden im Internet bevorzugt? Ist die Sicherheit der Transaktionen gewährleistet?

Viele Beispiele aus unterschiedlichen Branchen, die bereits im „world wide web" vertreten sind, geben zahlreiche Anregungen für den eigenen Internetauftritt.

1. Auflage
160 Seiten
ISBN 3-89694-248-4

 Lexika Verlag erscheint bei Krick Fachmedien GmbH + Co.
Fichtestraße 3 · D-97074 Würzburg
Telefon: (09 31) 8 04 05-0 · Telefax: (09 31) 8 04 05-48
Internet: http://www.lexika.de · E-Mail: lexika@krick.com

Mehr Wissen